GAOZHI YUANXIAO ZHILI: TIZHI JIEGOU HE CELÜE

高职院校治理：
体制、结构和策略

庞利 著

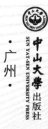

中山大学出版社
·广州·

版权所有　翻印必究

图书在版编目（CIP）数据

高职院校治理：体制、结构和策略/庞利著. —广州：中山大学出版社，2022.10

ISBN 978 - 7 - 306 - 07594 - 9

Ⅰ. ①高… Ⅱ. ①庞… Ⅲ. ①高等职业教育—学校管理—研究—中国 Ⅳ. ①G718.5

中国版本图书馆 CIP 数据核字（2022）第 128535 号

出 版 人：王天琪
策划编辑：杨文泉
责任编辑：杨文泉
封面设计：曾　斌
责任校对：邱紫妍
责任技编：靳晓虹
出版发行：中山大学出版社
电　　话：编辑部 020 - 84110283，84113349，84111997，84110779，84110776
　　　　　发行部 020 - 84111998，84111981，84111160
地　　址：广州市新港西路 135 号
邮　　编：510275　　　　传　真：020 - 84036565
网　　址：http://www.zsup.com.cn　　E-mail：zdcbs@ mail. sysu. edu. cn
印 刷 者：广东虎彩云印刷有限公司
规　　格：787mm×1092mm　1/16　12.25 印张　215 千字
版次印次：2022 年 10 月第 1 版　2022 年 10 月第 1 次印刷
定　　价：45.00 元

如发现本书因印装质量影响阅读，请与出版社发行部联系调换基金资助：2020年度广东省普通高校特色创新项目"基于共同体理念的高职院校治理机制研究"（项目编号：2020WTSCX234）

前　言

党和政府历来重视治理的改革，以治理推动社会发展。特别是党的十八大以来，以习近平同志为核心的党中央通过一系列重大制度改革和体制机制创新，不断提升我国政治、经济、文化等各领域的治理水平。党的十八届三中全会通过的《中共中央关于全面深化改革若干重大问题的决定》提出要"完善和发展中国特色社会主义制度，推进国家治理体系和治理能力的现代化"。党的十八届五中全会进一步提出，"依靠改革开放推动制度建设，要实现国家治理体系和治理能力现代化取得重大进展，各领域基础性制度体系基本形成"。党的十九大对治理理念、治理架构、治理方式、治理目标等进行了新的规划和阐释，再次强调了国家治理体系和治理能力现代化。党的十九届四中全会明确提出了坚持和完善中国特色社会主义制度、推进国家治理体系和治理能力现代化的总体目标，提出了"三步走"的发展目标，进一步明确了治理现代化的路线图。

推进高等教育领域治理的现代化是我国国家治理体系和治理能力现代化的重要组成部分。高等职业教育作为高等教育重要的类型教育，深化体制机制改革，推进依法治校、民主管理，完善科学、规范、合理的治理体系，达到高水平的治理能力也成为我国职业教育改革、构建现代职业教育体系的重要目标和发展方向。2014年6月，我国从战略规划层面对现代职业学校制度建设提出了总体意见，在《国务院关于加快发展现代职业教育的决定》中提出要"完善现代职业学校制度，职业院校要依法制定体现职业教育特色的章程和制度，完善治理结构，提升治理能力"。2015年8月教育部印发的《职业院校管理水平提升行动计划（2015—2018年）》，要求"不断提高管理工作规范化、科学化、精细化水平，加快实现学校治理能力现代化"。2019年2月，国务院下发的《国家职业教育改革实施方案》指出："没有职业教育现代化就没有教育现代化。完善以章程为核心的现代职业学校制度体系，形成学校自主管理、自我约束的体制机制。"2020年9月教育部等九部门印发的《职业教育提质培优行动计划（2020—2023年）》提出："实施职业教育治理能力提升行动。"

经济社会的转型升级需要进一步完善职业院校的治理。随着市场竞争的加剧，我国经济社会发展由注重规模、速度的粗放型进入更加注重高效率、注重高质量发展的新常态，从而要求高职院校的发展适应经济社会发展新常态的需要，人才培养进入注重高质量、特色化、个性化的发展阶段。在治理方面，则要更加注重依法治教与规范管理、注重深化改革与公平正义，促进教育链与生产链紧密结合，实现高职院校人才培养的质量、规模、结构、层次等方面与社会经济发展的新常态相适应、相协调。

高职院校承担着为适应社会各行各业建设需要培养大批高素质技能型人才的重任。完善高职院校治理体系，构建现代化的职业教育制度，是提升职业院校办学水平，保障职业教育人才培养质量的必然要求。高水平的高职院校离不开科学、规范的院校治理。有效的治理能充分利用学校的人、财、物等资源，能在健全的制度条件下，调动教职工的积极性，最大化利用物质资源，实现人尽其才、物尽其用，从而促进高职院校高质量可持续发展。

完善高职院校治理体制，构建现代职业教育体系，是新时代构建国家治理体系和治理能力现代化政策背景下赋予职业教育领域的新任务和新目标，也是高职院校自身实现可持续发展的需要。本书以国家治理体系现代化的简要解读为逻辑起点，科学界定高职院校治理的概念和内涵，解读高职院校治理的理论基础，探寻我国高职院校治理发展的历史轨迹和逻辑主线，探讨高职院校治理的结构和治理制度，在此基础上通过实地考察和文献调研等方式探寻目前我国高职院校治理的现状，总结我国高职院校治理中存在的不足和发展困境，展望我国高职院校治理的发展方向。本书分为六个部分。

第一部分是概述高职院校治理体制。对基本概念进行界定，介绍职业院校的兴起，对共同体理论、利益相关者理论、系统理论、委托代理理论等治理理论进行解读，分析高职院校治理现代化意义、目标及特征。

第二部分介绍我国高职院校治理的历史演绎。探讨高职院校从建立到蓬勃发展的探索过程，分析国家对高职院校管理现代化逐步推进的过程。从历史沿革的角度出发，在高职院校治理的政策演化、办学自主权的追求、重塑治理主体关系的历程中找出当前治理体系形成的历史原因。

第三部分介绍我国高职院校的治理结构。阐述高职院校治理结构的内涵。高职院校治理结构分为内部治理主体和外部治理主体，内部包含党政领导者、教师、学生，以及各内部主体之间治理的权力与规则。外部包含政府、行业企业、学生家长、社区等外部治理主体以及外部治理的权力与规则。

第四部分介绍我国高职院校的治理制度。阐述高职院校治理制度建设的意义，分析高职院校章程建设的现状，提出章程制定的程序和路径。分析高职院校教学管理制度、科研管理制度、师资队伍管理制度、学生管理制度、监督约束制度等制度建设的现状与策略。

第五部分介绍我国高职院校治理的实践探索。通过典型案例阐述了产教融合治理、理事会治理、校院两级治理、混合所有制治理、信息化治理等高职院校治理中的热点问题，并分析了高职院校治理的困境。

第六部分介绍提升我国高职院校治理能力的建议。提出高职院校的治理现代化就是以共同体为理念，以党的领导为统领，多方利益相关者按照一定的治理规则民主协商式地参与学校的治理，构建治理制度的体系化、治理方式的民主化、治理主体的多元化、治理手段的信息化和治理环境的协同化。

本书在国家治理体系现代化的政策背景下有机结合哲学、管理学、社会学、教育学等相关学科理论知识，开展对我国高职院校治理的研究。倡导高职院校在科学自治的基础上与政府、行业企业、社区等利益相关者进行合作与交流，在多元治理主体互动中实现共享共赢，在实现利益相关者共赢目标的驱动下来推动高职院校的治理活动，从而达到高职院校的善治。本书旨在为高职院校治理的顶层设计者提供改革理念、改革思路及实践路径。探讨多元主体在高职教育治理中的结构模式和运行模式，有助于地方政府、企业、高职院校明确自己在职业教育中的责任和地位，有助于引导高职院校规范、可持续发展。

笔者在本书的撰写过程中，参考和借鉴了大量的研究资料与文献，引用了许多相关的政策文件和学术成果，并尽可能地标注了参考文献的出处。在此，谨向这些资料的作者表示衷心的感谢。

笔者结合自身十几年高校行政工作的实际，对高职院校治理进行探索性研究，但由于时间仓促与水平有限，不足之处在所难免，敬请各位读者批评指正。

目　录

第一章　高职院校治理体制概述

第一节　高职院校治理的基本概念

一、高职院校的兴起 …………………………………………………… 2
二、治理的内涵 ………………………………………………………… 7
三、高职院校治理的概念 ……………………………………………… 8

第二节　高职院校治理的理论依据

一、共同体理论 ………………………………………………………… 9
二、利益相关者理论 …………………………………………………… 11
三、系统理论 …………………………………………………………… 14
四、委托代理理论 ……………………………………………………… 15

第三节　高职院校治理的现代化目标

一、高职院校治理现代化的必然性分析 ……………………………… 18
二、高职院校治理能力现代化的特征 ………………………………… 20

第二章　我国高职院校治理的历史演绎

第一节　我国高等职业院校的发展历程

一、高等职业院校的初步建设阶段（1980—1984 年）……………… 25
二、高等职业院校的调整改革阶段（1985—1995 年）……………… 26
三、高等职业院校的蓬勃发展阶段（1996—2003 年）……………… 28
四、高等职业院校的内涵建设阶段（2004—2012 年）……………… 29
五、高等职业院校的创新发展阶段（2012 年至今）………………… 30

第二节　高职院校治理的历史沿革

一、高职院校治理初步探索阶段 ……………………………………… 31
二、高职院校治理调整规范阶段 ……………………………………… 33
三、高职院校治理改革完善阶段 ……………………………………… 37
四、高职院校创新现代化治理阶段 …………………………………… 41

第三节　高职院校治理的逻辑主线

一、以国家的政策为主导 ……………………………………………… 48
二、以追求办学的自主权为使命 ……………………………………… 49
三、以重塑治理的主体关系为路线 …………………………………… 51

第三章　我国高职院校的治理结构

第一节　高职院校治理结构的内涵

一、治理结构的概述 …………………………………………………… 53
二、大学治理结构 ……………………………………………………… 54
三、高职院校治理结构 ………………………………………………… 57

第二节　高职院校内部治理结构

一、内部治理的主体 …………………………………………………… 62
二、内部治理的权力与规则 …………………………………………… 66

第三节　高职院校外部治理结构

一、外部治理的主体 …………………………………………………… 72
二、外部治理的权力与规则 …………………………………………… 78

第四章　我国高职院校的治理制度

第一节　高职院校治理制度建设的意义

一、制度的含义 ………………………………………………………… 83

二、高职院校治理制度 …………………………………………… 84
三、高职院校制度建设的意义 …………………………………… 86

第二节　高职院校章程建设

一、高职院校章程建设的背景 …………………………………… 89
二、高职院校章程建设的意义 …………………………………… 90
三、高职院校章程建设的现状与问题 …………………………… 93
四、高职院校章程的制定 ………………………………………… 99

第三节　高职院校管理制度建设

一、教学管理制度 ………………………………………………… 103
二、科研管理制度 ………………………………………………… 105
三、师资队伍管理制度 …………………………………………… 108
四、学生管理制度 ………………………………………………… 111
五、监督约束制度 ………………………………………………… 114

第五章　我国高职院校治理的实践探索

第一节　产教融合治理

一、职业院校开展产教融合的意义 ……………………………… 117
二、产教融合的发展 ……………………………………………… 119
三、产教融合的实践探索 ………………………………………… 121
四、产教融合存在的问题 ………………………………………… 122
五、产教融合遵循的机制 ………………………………………… 124

第二节　理事会治理

一、理事会的定位 ………………………………………………… 127
二、理事会人员结构 ……………………………………………… 127
三、理事会的权利与义务 ………………………………………… 128
四、理事会运行管理办法 ………………………………………… 129
五、高职院校理事会建设现状 …………………………………… 130

第三节　校院两级治理

一、推进校院两级治理的必要性 …………………………………… 132
二、校院两级治理的现状 …………………………………………… 134
三、校院两级治理存在的问题 ……………………………………… 136

第四节　混合所有制治理

一、推行混合所有制改革的意义 …………………………………… 138
二、高职院校推行混合所有制改革的实践 ………………………… 139
三、推行混合所有制改革的困境 …………………………………… 142
四、混合所有制改革的方向 ………………………………………… 144

第五节　信息化治理

一、现代信息技术对高职院校治理的影响 ………………………… 146
二、以现代信息技术推进治理是高职院校自身发展的需要 ……… 147
三、信息化治理的应用现状 ………………………………………… 149
四、信息技术在高职院校治理应用中的困境 ……………………… 150

第六节　高职院校治理的困境

一、外部环境变化日益复杂 ………………………………………… 151
二、办学主体意识弱化 ……………………………………………… 152
三、内部管理模式科层化 …………………………………………… 152
四、教学学术权力缺失 ……………………………………………… 153
五、民主治理联动机制未形成 ……………………………………… 153
六、内部管理制度不健全 …………………………………………… 154

第六章　我国高职院校治理能力提升策略

第一节　高职院校治理现代化的转变

一、治理理念从政府—学校线性治理向共建共享的协同治理转变 ………… 156
二、治理主体从一元主体向多元主体转变 ………………………… 157

三、运行模式从集权式向民主式转变 ……………………… 158
四、运行体系从封闭式向开放式转变 ……………………… 159
五、治理手段从传统管理向信息化治理转变 ……………… 159

第二节 高职院校外部治理策略

一、建立新型的府学关系 …………………………………… 161
二、主动融入社会，增强服务意识 ………………………… 162
三、加强宣传，增加职业教育社会认可 …………………… 162
四、构建校级联盟 …………………………………………… 163

第三节 高职院校内部治理策略

一、坚持正确的政治方向 …………………………………… 165
二、建立科学有效的内部管理组织机构 …………………… 166
三、提升管理者的专业化水平 ……………………………… 166
四、健全领导体制和决策机制 ……………………………… 167
五、推动治理的信息化水平 ………………………………… 167
六、构建多元化的内部治理体系 …………………………… 168
七、推进依法治校 …………………………………………… 169
八、加强权责监督 …………………………………………… 170
九、形成有特色的治理文化 ………………………………… 172

参考文献 ……………………………………………………… 174

第一章　高职院校治理体制概述

改革开放以来，随着我国社会主义市场经济的逐渐完善与发展，国家在各个社会领域的管理职能也在不断调整与转变，逐渐从管理走向治理，而治理内容和治理方式也随之发生改变。我国作为人口大国，如何实现有效治理，政府的治理方式面临着巨大的挑战。党的十六大提出"党的领导是人民当家作主和依法治国的根本保证，依法治国是党领导人民治理国家的基本方略"。党的十七大强调治理的有效性问题，提出"要坚持党总揽全局、协调各方的领导核心作用，提高党科学执政、民主执政、依法执政水平，保证党领导人民有效治理国家"。党的十八大进一步深化了国家治理理念，提出"保证党领导人民有效治理国家；更加注重健全民主制度、丰富民主形式，保证人民依法实行民主选举、民主决策、民主管理、民主监督；更加注重发挥法治在国家治理和社会管理中的重要作用，维护国家法制统一、尊严、权威，保证人民依法享有广泛权利和自由"。治理由此进入官方话语并成为党领导人民建设国家的理念与方式发生重大转变的一种承载。① 党的十九大报告中提出："加强社会治理制度建设，完善党委领导、政府负责、社会协同、公众参与、法治保障的社会治理体制，提高社会治理社会化、法治化、智能化、专业化水平。"新中国成立70多年以来，我国不断加强社会治理，走出了一条具有中国特色的社会主义治理之路，在保障社会稳定的同时，激发了市场活力，有力实现了经济快速发展、社会重大转型和治理维护稳定的目标。

在高等教育领域，自高校扩招后，高等院校数量和大学生数量急剧增长，如何实现有效治理是高校要思考的问题。目前，大学制度、大学治理结构等成为高频词汇。高职院校作为高等职业教育的实施场所，把治理引入高职院校管理，实现从传统高职院校管理向现代高职院校治理的转变成为必然趋势。如何实现治理理念与我国高职院校改革实践的结合，清晰界定高职院校治理体制的

---

① 李龙：《国家治理与人权保障》，武汉大学出版社2017年版，第7页。

相关概念，分析形成高职院校有效治理的理论基础，探讨高职院校治理现代化的特征，是本章着重阐述的内容。

第一节 高职院校治理的基本概念

一、高职院校的兴起

（一）高等学校的发展

普通高等学校，是与社会的经济和政治机构既相互关联又鼎足而立的传承、研究、融合和创新高深学术的高等学府；①是培养高级专门人才，进行技术创新与社会服务的机构。高等学校的学历层次有专科层次、本科层次和研究生层次。在类型上又分为综合性大学、专门性大学或学院。高等学校的起源可以追溯至古希腊的"学园"，其以追求高深学问的教学和科研为特征。在我国，汉代太学的建立，标志着我国封建官立大学制度的确立。而现代大学则起源于19世纪初，是指启蒙运动以后经过理性主义改造，特别是指以德国洪堡创办的柏林大学为代表的新型大学。一般认为，1809年德国柏林大学的创立标志着现代意义上的大学的诞生。现代大学将人才培养、科学研究以及为社会服务作为自己的主要任务。

在我国，以1840年鸦片战争后洋务运动为起点，"京师大学堂"作为我国近代以来第一所真正意义上的综合性大学，标志着我国近现代高等教育的开端。此后，国民党政府建立了包括国立北平大学、国立清华大学、国立北京大学、国立北平师范大学等在内的多所国立大学，而共产党也创办了以中央红军大学为代表的军事院校以及包括陕北公学、中国医科大学等在内的高等院校。新中国成立后，这些高等院校中的绝大多数被保留了下来，成为我国目前部分知名高校的前身。到1956年，我国大学数量增至227所。而在"文化大革命"期间，我国高等教育遭到严重破坏和冲击，大学数量的增长停滞不前。1977年恢复高考以后，高等教育重新走向正轨。改革开放以后，在经济体制转轨的驱动

---

① 王冀生：《大学文化的科学内涵》，载《高等教育研究》2005年第10期，第5—10页。

下，我国高等教育快速发展。1999 年，《中共中央、国务院关于深化教育改革全面推进素质教育的决定》明确提出"扩大高等教育的规模，通过多种形式积极发展高等教育"的方针，大学实行扩招计划，由传统的精英教育转向大众化教育。在该政策指引下，全国共有1071所普通高等院校，我国实现了高等教育的大众化。党的十八大以来，高等教育取得空前发展，在建设高等教育强国目标的引领下，我国高等教育发展取得了新成绩，迈上了新征程，进入了高等教育普及化阶段。据教育部《2020年全国教育事业发展统计公报》统计，截至2020年底，全国共有普通高校2738所［本科院校1270所（含本科层次职业学校21所），高职（专科）院校1468所］，成人高等学校265所，研究生培养机构827个。全国各类高等教育在校生总规模达4183万人，高等教育毛入学率54.4%。

国家的兴衰与高等学校的发展紧密相关。一个国家的实力包含"硬实力"和"软实力"两个方面。而"软实力"的重点就是高等学校的办学水平。在当代，国家的竞争就是人才的竞争。没有足够的人才培养摇篮即高水平高等院校，国家很难成为世界级大国；没有一批国际一流水平的大学，国家就很难成为世界级强国。目前我国各级政府高度重视高等教育的发展，不断深化高等教育管理体制改革，有效发挥高等学校的社会服务职能，使高等学校服务社会的领域和范围不断拓展，能力和水平不断提高。随着社会的发展与大学自身发展的需要，高等学校在社会中的作用不断增强，其职能也不断丰富，承担着人才培养、科学研究、社会服务、文化传承创新的职能。

（二）高职院校的出现

高等职业教育是职业技术教育的高级阶段，是在完成中等职业技术教育或普通高中阶段教育的基础上，围绕职业岗位所要求掌握的知识和能力来组织课程教学和技能训练的教育形式。在国家教育管理体系中，高职教育既属于职业教育类型，又属于高等教育阶段，有双重属性。高职教育作为跨越职业界与教育界的跨界教育，是高等教育中与社会经济发展关系最为直接和密切的教育类型，兼具高等性、职业性、区域性、行业性和应用性等诸多重要属性。具体而言，高职教育直接面向社会生产需要，以培养岗位需要的应用技术能力为主线来设计学生的知识、能力、素质结构，形成人才培养方案，重视职业道德和职业素养教育，强调理论教学和实践训练并重，使毕业生具备直接从事岗位工作的能力。① 中国近现代意义上最早的高职院校萌芽于 1902—1904 年的"壬寅—癸卯学制"中规定的"高等实业学堂"和"高等师范学堂"。新中国成立初期，我国大力发展生产建设，急需大量技术工人，为了快速弥补工人的短缺，我国高度重视培养周期短的三年制中等职业技术教育的发展，中等职业教育能培养面向生产一线的技术工人，能满足当时技术岗位的要求，而高等职业院校几乎没有或是名存实亡。

随着行业的转型升级，中等层次的职业教育已不能完全适应企业的需要，国家在 1985 年颁布的《中共中央关于教育体制改革的决定》中明确提出："积极发展高等职业技术院校，逐步建立起一个从初级到高级、行业配套、结构合理又能与普通教育相沟通的职业技术教育体系。"其后，全国建立起 120 余所高职学校，举办高等职业教育。1991 年，国务院颁布《关于大力发展职业技术教育的决定》，提出积极发展高等职业技术教育的任务。1993 年颁布的《中国教育改革和发展纲要》提出积极发展多样化的高中后职业教育和培训。1996 年颁布的《中华人民共和国职业教育法》第 13 条指出职业学校教育分为初等、中等、高等职业学校教育，正式确立了高等职业教育的法律地位，推动我国高职教育走上了依法办学新阶段。② 1998 年颁布的《中华人民共和国高等教育法》指出："本法所称高等学校是指大学、独立设置的学院、高等专科学校，其中包括高等职业学校和成人高等学校。"明确地把高等职业学校作为高等教育的一部分确定了下来。

2002 年召开的全国职业教育工作会明确提出"扩大高等职业教育的规模"。2005 年，国务院又再次召开全国职业教育工作会议，进一步要求"高等职业教育招生规模占高等教育招生规模的一半以上"。2006 年，国家启动示范性高等职业院校建设计划，重点支持 100 所国家示范性高等职业院校的发展。2012 年，党的十八大第一次把加快发展现代职业教育写入党的政策报告。党的十八届三中全会进一步强调加快现代职业教育体系建设。高职院校是实施高等职业教育的主要机构和场所，对接职业岗位，面向生产和社会一线，旨在培养具有一定理论知识和较强实践能力的应用型、技能型专门技术人才。

随着经济全球化、信息多元化、产业现代化的发展，全社会对产业工人、

---

① 杜梓平：《学在外包，乐在园区——大学生入学教育读本》，苏州大学出版社 2018 年版，第 25 页。

② 温景文：《新建本科高校应用型教育的研究与实践》，东北财经大学出版社 2014 年版，第 324 页。

技术工人岗位技能的要求越来越高，部分高水平的高职院校也在积极探索本科层次的职业技术教育。目前，我国已建成了世界上规模最大的职业教育体系。

（三）高职院校取得的成就

1. 办学基础条件明显改善

职业院校办学条件在总量和生均层面均得到很大改善，资源投入、经费保障等方面发展势头良好。教学、教辅、行政用房面积普遍增长，生均教学科研仪器配备水平普遍提升。在经费保障方面，全国财政用于职业教育的经费总投入连年增长，生均公共财政预算教育经费支出逐步提高，专项投入和学生资助工作也持续推进。数字化校园进入"云时代"，实现了学习、生活人性化服务，实现了校园无线网络全覆盖，为智慧校园提供了坚实基础。教育与技术相融合，推进了教学方式的变革，信息化教学成为课堂教学的常态。

2. 师资队伍建设水平逐步提升

在师资队伍方面，生师比呈现明显改善的趋势，师资队伍学历水平稳步提升，"双师"素质教师队伍也逐渐壮大，涌现出一批批国家级教学创新团队。在师资数量上，2019年，我国职业院校专任教师133.2万人，其中，高职专任教师49.8万人，"双师型"教师总量有45.56万人，其中高职有19.1万人，占专任教师比例的38.4%。37所高校开设了本科层次的职业技术师范专业，有49所高校招收研究生层次的职教师范生，职业技术师范专业的类别超过了150个，每年培养职教师资达到2万余人。深入实施职业院校教师素质提升计划，在"十三五"期间，中央财政每年划款6.75亿元支持开展职业院校教师国家级培训，以提升职业院校教师的整体素质和能力。"双师型"教师数量逐渐增加，教师队伍整体素质不断提升，成为职业教育发展的重要支撑。

3. 为经济社会发展培养了大批人才

高职院校以需求为导向，主动服务区域经济的发展，服务产业振兴和结构调整。紧紧围绕经济发展的需要，主动适应供给侧结构性改革的需要，为当地经济社会发展培养"下得去、留得住、用得好"的人才。据《2019中国高等职业教育质量年度报告》统计，毕业生留在本地就业人数保持增长态势，占比接近毕业生总数的60%，每年有超过200所院校本地就业比例高于80%，40余所院校连续 4 年保持在 80% 以上。毕业生到中小微企业等基层服务的人数保持增长，占毕业生总数的比例保持在 60% 以上。职业院校中有 70% 的学生来自农村。一批高职院校不仅为西部和东北地区留住了人才，优化了欠发达地区的人力资源结构，而且在促进乡村振兴、培养高层次综合型农业人才、服务现代化农业等方面发挥了不可替代的作用。高职院校面向全社会开展各类培训达上亿人次，这些技术技能型人才已经成为产业大军的主要来源。

4. 深化科技创新和社会服务

高职院校通过与企业沟通、交流与合作，与企业联合开展科技创新，促进科技成果转化，推进企业技术进步，为产业升级服务，向企业转让技术，为企业培养优秀的经营管理团队、高水平的科技创新团队，向在职人员提供高技能培训，为企业打造高素质专业技术人才队伍，提高企业的竞争能力与在职人员的职业能力等。高职院校充分利用学校的人力资源和设备实施，面向社会积极开展各类培训，搭建多样化的学习平台，共享教育资源，为区域经济社会发展提供人才支撑和智力支持。

5. 促进了社会公平与稳定

高职院校规模快速发展，对我国高等教育大众化和普及化发展起到了决定性的作用，扭转了高等教育资源极度短缺的局面，为全社会尤其是广大适龄青年接受高等教育提供了更多机会。高职院校在 2019 年共扩招 116 万人，百万扩招如期顺利完成，2020 年又继续扩招 100 万人。这是党中央、国务院抓"六稳"、促"六保"的重要举措，对实现教育强国、人才强国、制造强国、质量强国具有重要意义。高职院校扩招，招生方式呈现多样化，招生对象除了针对传统应届高中毕业生外，还将军人、下岗职工、农民工、在职企业员工等社会群体纳入其中。扩招计划给各类人群提供了接受高等教育的机会，促进了教育公平，缓解了当前的就业压力，持续增加了国家人才战略储备，有利于解决高技能人才短缺难题。

6. 形成产教融合特色

国家稳步推进实习实训资源建设，不断拓宽产教融合的深度和广度，以促进人才培养供给侧和产业需求侧结构要素全方位融合。教育部联合各行业主管部门和行业组织组建了 55 个全国行业职业教育指导委员会，对相关行业（专业）职业教育和培训工作进行研究、咨询、指导和服务，开展产教对话活动，指导推进校企合作，产教融合发展的工作格局基本形成。持续深化推进职教集团建设，截至2020年10月，全国组建了约1500个职教集团，吸引了3万多家企业参与，覆盖了近70%的职业院校。教育部先后布局了558个现代学徒制试点，公布了92个职业技能等级证书试点，确定了18个省（自治区、直辖市）和3个计划单列市作为国家产教融合城市建设试点，推动了校企合作双元育人。

二、治理的内涵

（一）治理概念的解析

"治理"（governance）的概念来源于拉丁文和希腊语，原意指控制、引导和操纵的行动和方式，主要用于与国家公共事务相关的管理活动和政治活动。1989年，世界银行在描述非洲发展状况时，首次使用了"治理危机"（crisis governance）一词。此后，"治理"一词便被广泛地应用到政治发展研究之中。政治学领域的治理一般就是指国家治理，即政府如何运用国家权力来管理国家和人民。对治理概念做出最具权威性和代表性的解释来自全球治理委员会。该委员会指出，治理是各种公共的或私人的个人和机构管理其共同事务的诸种方法之总和。自20世纪90年代以来，治理理论研究成为西方学术界研究的热点话题。治理这一概念被应用于政治学领域，而且还被扩展到经济学、管理学，甚至于西方各国政要都把"新治理"作为施政的目标。治理从国家层面逐渐运用到社会的各个领域，如教育领域、政府机关、各种官方和民间机构等领域。由于运用领域多样化，对治理理论的理解也是仁者见仁、智者见智，众说纷纭。很多国家纷纷将治理理论运用于国家和政府的变革，使得治理成了政治学和行政管理学研究的重点对象。[1]

（二）统治与治理的区别

通过将"治理"与"统治"进行对比，可以更深刻地了解"治理"这一概念的基本特征。统治与治理存在以下不同。

一是权力的主体不同。在传统统治模式中，政府以及其他公共机构是最主要的主体。而在治理理论中，中央政府在公共行政中的单一核心地位被动摇，

---

[1] 俞可平：《论国家治理现代化》，社会科学文献出版社2014年版，第15页。

向地方分权、向社会分权、向基层分权成为一种趋势。政府不再是唯一的权威主体，除了政府以外，企业行业组织、社会自治组织、社会群体甚至国家组织都是治理的主体，强调社会各主体共同参与。

二是权力运行的向度不同。传统的管理模式，在纵向关系上通过等级划分构建集中的命令结构，通过政府的政治权威来发号施令，以制定政策、发布政策和实施政策，对社会公共事务实行纵向单一的管理。而治理则强调管理过程的上下多维度的协同合作，主要通过协商互助、利益调和等方式联合实施管理。其实质是建立在民主平等、市场原则、公共利益之上的协同合作。它的管理机制不是主要依靠政府的政治权威而是利益共赢的合作。其权力向度由传统管理的单一和自上而下，转为治理的多元和互动。

三是国家与公民的角色定位不同。在传统的管理模式中，国家是公共物品的主要提供者，公民则是公共产品消极被动的接受者。在治理理论的视角下，国家与公民的角色发生了实质性变化，国家角色主要表现为组织整合、激励鼓舞、搭建平台、把握进程和民主监督等方面，公民则不再是公共产品消极被动的接受者，而是积极主动的制度决策的参与者、公共事务的管理者和社会政策的执行者。[①]

三、高职院校治理的概念

高职院校治理是指高职院校各利益相关者之间决策权配置问题，是高职院校内部和外部利益相关多元主体根据经济社会和自身发展需要，以制度或契约为约束，通过各种方式、方法和手段，相互合作，多向互动，共同持续作用于以人才培养为核心的高职院校相关事务，以提高高职院校整体办学效能。高职院校治理包括内部治理和外部治理。内部治理指办学者、管理者、教育者、学习者等利益相关者，围绕"政治权力—行政权力—学术权力"关系协调互动、合作共治的制度安排。外部治理指举办者、管理者、办学者和参与者等利益相关者，通过参与、协商等方式，共同为高职院校治理提供外部环境的制度安排。内部决策的权力主要有以下三种：一是以党委系统为代表的政治权力，二是行政体系所代表的行政权力，三是以学术委员会等学术评议机构为代表的学术权力。权力的配置是指体现院校政治权力、行政权力与学术权力的内部组织架构

---

① 景小勇：《政府与国家文化治理》，文化艺术出版社2016年版，第10-12页。

及其运行机制。① 外部治理的力量有市场的力量、社会的力量等，这些力量也影响着高职院校的治理。

随着高职院校的快速发展，高职院校的治理问题也开始成为学者们关注的研究热点。主要的研究内容包括：高职院校治理的内涵研究、高职院校治理的价值研究、高职院校治理的模式研究、高职院校治理的现状研究、高职院校治理的问题研究、高职院校治理存在问题的原因研究、高职院校治理的对策研究、外国高职院校治理的研究等。关于治理理论和高校治理问题的研究成果，为我国高职院校治理理论的研究提供了借鉴。

第二节　高职院校治理的理论依据

高职院校治理的基本原理，是对高职院校治理现象本源的揭示，是对高职院校治理的本质和根本真理的论述，是有效地处理高职院校治理现象、各要素及其相互关系的原则的概括。共同体理论、利益相关者理论、系统理论、委托代理理论等理论是高职院校治理的理论依据，对高职院校有效治理具有重要的理论指导意义。

一、共同体理论

"共同体"的概念最早是由法国的启蒙运动代表人物卢梭提出来的。德国古典社会学家滕尼斯在其出版的《共同体与社会》一书中最早将共同体的概念引入到社会学中。滕尼斯认为，共同体的理论是从"人类意志的完美统一"这一设定出发的，它意味着人类原始的或者自然的状态。尽管在实际的经验里，人们彼此分离，乃至恰恰通过他们的分离，人类意志保持着统一的状态。② 共同体是持久的和真正的共同生活，共同体的生活是相互的占有和享受共同的财产。共同体作为一个整体存在，具有很强的有机性，在共同体中，人与人之间

---

①　罗孟冬：《地方高职院校核心竞争力研究》，光明日报出版社 2018 年版，第 183 - 184 页。

②　［德］斐迪南·滕尼斯：《共同体与社会》，商务印书馆 2019 年版，第 76 页。

的关系更加紧密。① 共同体不是简单、松散地聚合在一起,而是有着共同目标、共同利益、共同成长的组织群体或团队。从本质上讲,任何共同体都是利益的共同体,这些利益包括政治利益、经济利益、文化利益或心理利益等。

人类社会从原始社会到社会主义社会发展的历史,就是人类社会共同体由低级到高级的发展史。中国共产党提出的人类命运共同体的理念,是对马克思、恩格斯社会共同体思想的创造性运用和发展,是对马克思主义人类社会发展理论的坚持和发展,是中国特色社会主义理论体系的重要成果。人类社会是一个相互依存、相互发展的共同体已经成为社会共识。党的十九大报告中提出,坚持和平发展道路,推动构建人类命运共同体。党的十九届四中全会又提出"必须加强和创新社会治理,建设人人有责、人人尽责、人人享有的社会治理共同体"。人类命运共同体超越种族、文化、国家和意识形态的界限,揭示了人类社会相互依存、休戚与共的关系。人类命运共同体这一概念的提出为马克思理论提供了全新的视角。

职业教育是政府、职业院校、行业企业、社会公众等多元主体,基于一定的价值认同围绕职业教育供给进行的资源配置、权力运行和利益分配,由此结成的一种组织体系,属于共同体范畴。《国家职业教育改革实施方案》提出"推动职业院校和行业企业形成命运共同体",这是职业教育产教融合、校企合作的进一步深化,是校企合作由"物理"变化到"化学"变化的转变。"共同体"的理念创新了现代职业教育治理的思路,这是"精准把握中国特色社会主义社会治理规律和方向的根本遵循",也是推动我国职业教育实现"善治"的现实选择。② 高职院校的治理共同体,是基于高职院校的人才培养目标和社会经济发展而集聚的多元利益主体,遵循参与、谈判与协商一致的原则,在一定的制度安排下,以推进多元文化融合为载体,共同参与高职院校的治理活动中所建构的社会组织。共同体具体涵盖以下三方面的内容。

(一) 以共同的目标为基础

杜威最早把共同体概念引入教育领域,他认为"因为有共同目标,每个成员的活动也因为知道其他成员在做什么而受影响,所以构成了社群"。高职院校

---

① 童星:《发展社会学与中国现代化》,社会科学文献出版社 2005 年版,第 22 页。
② 张培:《共同体视域下职业教育治理的逻辑、框架与路径》,载《教育与职业》2021 年第 2 期,第 5–12 页。

作为有共同目的的协作与行动实体,围绕人才培养这一共同的目标而行动,同时主体之间既相互合作又各自独立。共同体理念的形成使聚在一起的成员有共同的施力点,这是他们开展协作和采取共同行动的根源。如果没有集体意识和共同愿景,高职院校容易出现结构混乱和功能失调。[①]

（二）以共同的制度为保障

高职院校作为一个共同体,不仅为其成员提供知识,还要为他们提供控制尤其是自我控制标准所必需的完整的理性。这种"必需的完整的理性"即制度,其规范着主体的行为,使主体在交互协同运作网络中采取共同行动,实现共同目标。共同体的有效运行离不开制度和规范,共同体成员都要遵守约定的行为规范。如果缺少这种完善的规则,共同体将举步维艰,难以运行。

（三）以共同的文化为纽带

高职院校是基于文化而形成的教育机构。任何一个社会的有序群体,实际上都是一个文化共同体。高职院校共同体应建立共同的理想追求、共同的价值观念,共同体成员间相互依赖、相互联系,为成员提供精神动力和心理支持,从而凝聚成员的力量,形成合力让成员有共同的归属感。作为文化组织的高职院校要从学校办学实践出发,反映不同利益主体的诉求,整合利益主体的发展愿望,凝练出自身发展的共同愿景,使之成为学校全体成员共同奋斗的目标和动力。

二、利益相关者理论

马克思认为："人们奋斗所争取的一切,都与他们的利益有关。"利益属于社会关系范畴,是人们在社会关系交往中所表现出来的社会需要。伴随着社会的发展,各种利益需求逐渐凸显出来,各种利益主体不断涌现,各利益主体的利益意识日渐强化。利益相关者理论起源于西方社会对传统企业"股东中心理论"的质疑,兴起于对企业组织社会责任的研究,并随着公司治理理论的创新而趋于完善和成熟,随后被广泛应用于社会各领域。传统的企业管理强调的是

---

① 陈正江、周建松:《基于共同体理念的高职院校治理机制构建与实践》,载《高等工程教育研究》2019年第5期,第155-157页。

"股东利益至上",在强化股东利益的同时,难免会忽视其他利益主体的要求,因此才有了利益相关者管理理论的研究。利益相关者管理就是企业的经营者为了平衡各利益主体的要求而进行的管理活动。

1959年,潘罗斯(Penrose)在《企业成长理论》中提出了"企业是人力资产和人际关系的集合"的观念,为利益相关者理论研究奠定了基础。1963年,斯坦福大学的研究者们认为:"利益相关者是这样一些团体,没有其支持,组织就不可能生存。"这一概念的提出极大地推动了利益相关者理论的形成。1984年美国著名经济学家弗里曼(Freeman)出版的《战略管理:利益相关者方法》从利益相关者的视角重构了传统企业战略管理的理论框架,将利益相关者定义为:"能够影响组织行为、决策、活动或目标的人或团体,或是组织行为、决策、政策、活动或目标影响的人或团体。"这是利益相关者理论形成的重要标志。克拉克森(Clarkson)在对企业活动中利益相关者作用考察的基础上,从积极性角度提出主动与被动利益相关者概念;从密切程度方面提出首要与次要利益相关者概念,并随之进行深入研究。

米切尔(Mitchell)认为,作为利益相关者,须具备三个方面的条件:一是合法性,即某一群体是否被赋予法律和道义上的或者特定的对于企业的剩余索取权;二是影响力,即某一群体是否拥有影响企业决策的地位、能力和相应手段;三是紧急性,即某一群体的要求能否立即引起企业管理层的关注。基于对利益相关者这三方面的要求,对不同利益主体进行不同组合,其结果是将产生不同类型的利益相关者。[1]

跨界的职业教育是一个多元主体利益分配和调整的过程。由于其涉及社会各阶层,政府、企业、学生及其家长、行业组织等构成了职业教育发展的利益相关者群体。在国家应对产业转型升级和经济下行双重压力、有效提升人力资源素质、推动国家从世界大国向世界强国迈进的新阶段,职业院校要根据区域经济发展、行业企业需求以及人才培养对象的诉求来办学,充分考虑到各利益相关者的不同利益诉求,在各利益主体之间寻求一种平衡,不能走极端,仅仅重视某一方面的利益,即不能仅仅强调高职院校自身的利益而忽视了行业企业等其他治理主体的利益。

---

[1] 陈彬:《良法与善治:中国大学治理现代化探究》,华中师范大学出版社2018年版,第192页。

（一）内部利益相关者

教师是学校教育的主体，实现高职院校人才培养、技术创新和社会服务的使命主要依靠教师，教师是高职院校发展的第一人力资源。在高职院校里，学生是知识技能的学习者、社会文化的传承者，是教学活动的对象，是教育服务的接受者，学生的存在是学校生存发展的前提。行政管理人员是教师队伍的重要组成部分，高职院校行政人员在技术技能型人才培养、技术创新研究，与外部社会组织的交互中承担着重要的管理和服务工作，是高职院校有效运行的基本构成。因此，发挥教师、学生和行政人员的积极性和主动性是实现高职院校办学目标的根本力量；同时，高职院校的发展与教师、学生和行政人员的生存发展密切相关，高职院校的兴衰影响着他们的命运和前程，只有学校发展了，才能为个人发展提供更高的平台和良好的机会。

（二）外部利益相关者

高职院校的举办者、投资人，为学校投入资金和提供场地、设施设备等办学必需条件，保证学校的正常运行；教育行政部门制定高职院校组织行为的基本准则，把控高职院校的发展方向，监督学校的办学行为。高职院校培养的人才最终服务于社会，服务于行业企业生产岗位，因此，高职院校的教学内容要与生产、服务一线所应用的最新知识、最新技术和最新工艺相对接，这些只有依靠校企合作才能克服，企业是高职院校主要的服务面向，是高职院校重要的利益相关者。校友对母校具有特殊的情愫，他们比其他任何社会人员都乐意为母校奉献财富和精力，他们是高职院校发展重要的依靠力量。同时，高职教育对提升校友美誉度、促进他们的事业发展具有无形的推动作用。[①]

基于利益相关者的视角，高职院校在决策时必须在诸多利益主体之间寻求一种平衡，不能走任何一个极端，仅仅强调某一方面的利益，或只强调高职院校自身的利益只会导致学校发展之路越走越窄。从当前的高职院校管理实践来看，利益相关者之间表现出利益主体之间不平衡，存在重视学校利益、轻视企业利益的现象，影响了高职院校的正常发展，导致了高职院校的治理效率不高。

---

① 陈寿根、顾国庆：《建立利益相关者共同治理的高职院校内部治理结构》，载《国家教育行政学院学报》2016年第3期，第35–39页。

三、系统理论

系统论作为一门科学理论，由贝塔朗菲于 1932 年在《抗体系统论》中首次提出。直至 1945 年，贝塔朗菲公开发表论文《关于一般系统论》，使系统科学理论真正走进大众视线。系统科学的研究和发展主要基于系统论原理展开。物质世界是由众多的系统构成的，系统广泛地存在于自然界、社会生活系统中的各个领域。系统指各部分相加组成的整体。系统是由各个不同功能的部分和要素按照一定秩序或结构组成的具有新功能的有机整体，要素之间紧密相连且相互作用，在特定环境下为达成共同目标形成具有整体功能的系统。它并非各部分和各要素的机械的简单相加，实现整体大于部分之和才是系统存在的目的和意义。

系统是普遍存在的，任何有机体都可以是一个系统。系统具有整合性、开放性和有序性等方面的特征。整合性指系统内各要素自身均有着独立可区分的结构和功能，这个整体是由部分结合而成的，其特性和功能不只是各部分特性和功能的简单相加，而是相互作用的诸要素的复合体，通过系统内各要素的功能整合和重新组合便可形成一个拥有全新功能的系统整体，从而区别于孤立的各要素功能的简单组合。开放性是指系统总是存在于一定的环境中，具有与外界环境发生能量、信息交换的性质，系统与外部环境之间按照一定的方式产生相互的联系和制约关系，环境的变化会引起系统的变化，系统的发展也会对环境产生影响，系统必然要开放，封闭的系统必将走向衰败。有序化指系统具有在一定的内在驱动下，具有从简单到复杂、从粗糙到精细化、从无序回归有序的性质。系统各要素之间以及系统与环境之间的联系是有规律的，表现为一种有序性。

高职院校是高等教育系统的重要组成部分，其本身也是一个庞大的系统，牵涉面广，且组成人员和面对的人员文化水平高，是一个具有很强的自主管理、民主平等、公正理念的特色组织。在这样的组织基础之上开展协作，进行协调管理工作，应遵循系统观念，运用系统分析的方法并以系统论的原则为指导，优化高职院校的治理。

（一）结构优化原则

组成高职院校治理体系的理念、主体、制度、结构、机制和手段等各部分，分别为整体性治理系统的子系统，各子系统间相辅相成，既相互联系又彼此制约，共同作用于高职院校整体目标的实现。每个子系统处在各自的位置上，都有一定的作用。结构优化原则告诉我们，高职院校要在内部治理过程中灵活调整系统结构，协调各要素的关系，充分调动治理体系内诸要素共同朝着达成整体目标的方向努力，使得整体大于部分之和，正确处理部分与整体、局部与全局间的关系。

（二）整体协同原则

要素与要素之间相互作用，相互关联。整体协同原则要求学会用整体的眼光看待事物，将组成系统的各部分和要素当作一个整体进行分析，使系统内各子系统协同发挥作用。高职院校内部治理体系是多元治理主体共同参与学校活动的治理系统。因而，高职院校在进行内部治理时，通过对校内各层级、各领域等治理主体拥有的资源和信息进行有效整合，从而实现利益相关主体间的协作共治，达到整体协同优化的效果。

（三）动态调整原则

现实系统都是变化、发展的，应当在动态中协调系统各方面的关系，使系统达到最优化。任何社会组织都处于一定环境中，并与外部环境发生物质、能量和信息的交换。高职院校作为社会子系统之一，身处社会开放的大系统和环境中，与外部环境密切相关，复杂多变的外部社会环境驱动着高职院校治理的变革。因而，建构高职院校治理体系，要坚持环境的动态适应原则：现代社会瞬息万变，高职院校要向外界开放并与其发生物质能量的交换，通过外界信息的反馈促使内部治理有序化。根据环境变化，及时调整内部管理理念、组织结构、管理方式，使之不断适应发展变化的外部环境。[①]

四、委托代理理论

委托代理理论就是用来解释和处理各种委托代理关系中出现的诸多矛盾和冲突，使其利益关系得以协调，以促进委代双方利益增进的理论。它是商品经

---

① 冯丽莎：《整体性治理视阈下地方高校内部治理体系现代化研究》，南华大学2019年硕士学位论文。

济发展到一定程度的产物。它的出现是随着代理人问题的产生而产生的。[①] 委托代理理论的形成则始于 20 世纪 60 年代末 70 年代初，主要代表人物有威尔逊（Wilson）、罗斯（Ross）和莫里斯（Mirrless）等。该理论的前提假设包括：委托人和代理人是理性"经济人"，由于人的本性是自私的，双方都追求自身利益的最大化；委托人和代理人之间存在信息不对称；代理人有物质和精神层面等的行为需要。委托代理关系本质上是一种契约关系，是以合同的方式来确定委托人和代理人的责任、权利和利益，并通过相应的激励、约束和惩罚机制，使代理人按照委托人的意愿行动，最大限度地实现委托人的利益。

（一）委托代理产生的原因

委托代理理论产生的主要原因是专业化的发展。随着社会的发展，分工越来越细，作为所有者没有时间、精力和能力去管理所属的产业。而有些人拥有专业的知识、精力旺盛、能力超群，正好能够满足所有者的需要，因此委托关系产生，所有者作为委托人雇佣代理人为其服务，代理人因此拥有了一定的权利并从服务中获取报酬。

（二）委托代理理论的内容

在委托代理过程中会产生诸多问题，针对这些问题，人们提出了解决的办法，也逐渐完善了委托代理理论。首先，委托人和代理人的利益诉求是不一样的，委托人追求经济利润最大化，而代理人更注重的是自己的发展空间、工资福利等，这必然会造成二者的冲突，因此需要有效的制度安排来保障双方的利益。其次，委托人和代理人存在信息不对称的情况，在委托之前委托人对企业的情况是比较熟悉的，而代理人相对来说对企业的情况比较陌生，因此在制定代理契约时委托人处于优势地位，容易采取对自己有利的行为。接受委托之后代理人开始真正管理企业，他对企业的运行情况和运行风险比委托人熟悉，进而能够采取有利于自身利益最大化的行动。因此，在信息不对称的情况下就需要建立有效的激励和监督机制来约束双方的行为。最后，委托人向代理人授权中确立的契约具有不完备性。由于委托人和代理人都不是完全理性的人，在制定契约的时候也不可能获得所有的信息，而且企业在发展过程中又存在不可预

---

① 林培锦：《大学学术同行评议利益冲突问题研究》，厦门大学出版社 2017 年版，第 98 页。

见性，因此无法保证订立的契约的完备性，契约不能够将委托人和代理人的责权关系规定到位，这就需要制度建设来弥补这种缺陷。①

（三）委托代理理论在高校中的应用

近年来，委托代理理论也被应用到高等学校治理领域。高等学校内部存在着多重委托代理关系，如举办者和校长、校长和管理者、管理者和教师之间等。高校作为事业法人单位，由国家教育行政管理部门代行所有权和管理权，政府将具体办学委托给了学校，学校受政府委托，代理政府管理学校具体事务。根据委托代理理论，学校法人地位的确立必然要建立与之相适应的法人治理结构，以解决由于代理人的目标与委托人的目标不一致、代理人与委托人信息不对称而导致的一系列问题。作为委托人，政府的目的是学校要实现公共利益最大化，而学校则会尽量寻求自身利益的实现。至于作为最终委托人的人民和社会的利益如何保障，则需要通过建立健全学校法人治理结构加以实现。②

职业教育多元治理主体间存在着多层次委托代理关系。一是在政府与高职院校之间，政府是委托方，高职院校作为代理方承担培养高素质技术技能人才的责任；二是在高职院校与教职工之间，学校是委托方，教职工是代理方，承担具体的高职院校教学与管理工作；三是在学生家长与高职院校之间，学生家长付学费给高职院校，是委托方，高职院校是代理方，收取学生及家长的学费，就要为学生家长提供令其满意的教育服务；四是在行业企业与高职院校之间，行业企业是委托方，高职院校是代理方。在高职院校治理主体不同的委托代理关系中，委托方和代理方之间也存在着利益目标不一致、信息不对称等情况，因此就需要建立有效的制度和机制来减少这些矛盾和风险。

第三节 高职院校治理的现代化目标

目标，是对活动预期设定的愿景，是大脑中的主观意识，是人们为之奋斗

---

① 张天兴：《高校现代化治理与运行机制研究》，河北人民出版社2016年版，第100—102页。

② 张端鸿：《中国公立大学法人治理结构研究——以A大学为例》，复旦大学出版社2014年版，第9页。

的动力。目标具有方向性、现实性、社会性和实践性。目标为活动指明方向，具有可操作性。目标受社会环境的影响，需要落实到行动中，通过社会生活实践才能达到。如果不能确定科学的目标，就没有了着力点，就会茫然无措，不知所终，没有了前进的动力。

当前，我国教育改革发展的阶段性目标明确，《国家中长期教育改革和发展规划纲要（2010—2020年）》提出"到2020年，基本实现教育现代化，基本形成学习型社会，进入人力资源强国行列"。2019年中共中央、国务院印发的《中国教育现代化2035》提出2035年主要发展目标是："职业教育服务能力显著提升、高等教育竞争力明显提升、形成全社会共同参与的教育治理新格局。"教育现代化的目标就是发展具有中国特色、世界水平的现代教育。而教育治理，特别是高等教育治理现代化，是全面深化高等教育改革的总目标。高等教育治理现代化既是我国教育事业发展的重要组成部分，更是实现教育事业发展根本目标的路径选择。因此，推进高等教育领域治理的现代化就显得更加重要和紧迫。[①] 高职院校是我国公共事业的组成部分，深化教育教学改革，创新体制机制，完善科学规范的治理体系，形成高水平的治理能力是我国现代职业教育改革的重要目标。

一、高职院校治理现代化的必然性分析

（一）政治制度的演进要求优化高职院校治理制度

大学本身是一个政治机构，坚持党对大学的领导及加强和改善党对大学的领导是我国大学治理的重要特征。职业教育与国家的政治制度密切相关，一方面，国家出台的一系列政策和制度指引着职业教育的发展方向。另一方面，职业教育的改革和发展要适应国家大政方针的要求。党的十八大以来，以习近平同志为核心的党中央通过一系列重大制度安排和体制机制改革创新，不断提高我们党治国理政的水平。党的十九大进一步强调要不断推进国家治理体系和治理能力现代化。党的十九届四中全会更是为推进国家治理体系和治理能力现代化做出了顶层设计和全面的部署。在国家层面出台的治理相关的政策制度为高职教育发展提供了政策体制环境。高职院校是我国公共事业的重要组成部分，

[①] 瞿振元：《推进高等教育治理现代化：目标、价值与制度》，载《中国高教研究》2014年第12期，第1-4页。

深化教育教学改革，建立科学规范的治理体系也是实现我国现代职业教育目标的重要抓手。①

（二）经济转型升级要求创新高职院校治理体系

经济基础决定上层建筑，经济基础的变化决定着上层建筑的变化。传统的计划经济制度具有集权性、控制性特征，在计划经济制度下，政府对高校是一种垂直、直接的管理，深入高校的各个具体细节之中，使高校办学自主空间受到极大的限制。在今天，我国高等院校仍带有很大的计划成分，在管理思想上存在"等、靠、要"等观念，依靠国家的政策支撑，需要政府的资源支持。随着我国市场经济改革的不断深化，高校集权式的管理思维习惯需要改变。

经济的转型升级密切地影响了职业教育的发展，进而影响到职业院校的治理创新。一方面，经济快速增长，对技能人才的需求持续增加，为职业教育的发展带来了良好的机遇，为职业院校治理提供了坚实的物质基础。另一方面，随着经济发展方式的转变和产业结构的调整，人们对人才培养质量提出了更高要求，对高职院校治理现代化提出了新挑战。企业需要职业院校能够培养企业用得上的高素质技能型人才，因此，企业有参与职业院校治理的诉求，希望参与职业院校人才培养目标、专业设置与课程体系的制定，使高职院校的专业对接产业，课程体系对接企业的岗位需求。

（三）社会环境的复杂性要求调整高职院校的治理结构

随着国家对职业教育的大力扶持，职业院校的数量和接受职业教育的人数也激增。据2019年全国教育事业发展统计公报统计，2019年我国有本科院校1265所，高职（专科）院校1423所，高职院校已成为高等教育的重要组成部分。2019年《政府工作报告》提出高职院校扩招100万人，2020年《政府工作报告》提出继续扩招200万人。这是稳就业、促发展的重大举措。对高职院校来说，既是发展机遇，又是对治理能力的挑战。在校生规模的扩大，生源结构呈现多层化和复杂化，学生学习的起点水平参差不齐，学习需求的多样化等，增加了教学治理的难度。原有的学术治理和行政治理结构已不适应复杂社会的要求，使得原有的治理结构必须进行调整。

---

① 庄西真：《中国特色职业教育"双高计划"：怎么看、如何干》，载《职业技术教育》2019年第8期，第8-11页。

（四）人们对教育需求的变化要求提升治理的质量

随着职业教育地位的提升，社会各界对职业教育的认同有了新的变化。党的十九大提出，我国社会主要矛盾已经转化为人民日益增长的美好生活需要和不平衡不充分的发展之间的矛盾。具体到高等职业教育领域，就是高等职业院校要不断满足人们高质量职业教育的需要。职业院校肩负着建设让人民满意、社会满意的现代职业教育体系，承担着为国家经济社会发展培养大量高素质技能型人才的重任。高水平的职业教育就需要高质量的职业院校治理，需要深化教育教学改革，提升治理的效能。①

（五）社会文化的变迁要求形成职业院校治理文化

文化是在历史传承中积淀形成的产物，在社会生活中具有价值引领、思想凝聚和规范调节的作用，其核心是一种信仰。党的十八大提出24字社会主义核心价值观，从国家、社会和个人三个层面培育现代公共精神，形成公民接纳，并内化于心、外化于行的价值体系。这是国家治理的文化战略。践行社会主义核心价值观，能更加有效地实现国家治理、社会治理。② 高职院校通过文化的作用，使人们对治理达成共识，激发人们共同参与治理的热情，从而构建社会参与治理的院校治理模式。现代化高职院校治理就是要求高职院校结合中国国情，传承中华民族文化根脉，建设有中国特色的高职院校治理体系，发挥治理的优势，办好令人民满意的类型教育。③

二、高职院校治理能力现代化的特征

（一）民主化

民主原意为人民享有的权利，遵循少数服从多数的原则，代表的是多数人的利益，是与专制相对立的词语，是由古希腊雅典人创造而来的。民主是现代

---

① 庞利：《"双高"建设背景下高职院校治理的意蕴、动因和路径选择》，载《职教通讯》2021年第7期，第46-51页。
② 杜坚：《文化治理在国家治理体系中的地位和作用》，载《国家发展与战略研究院社会系统工程系列报告》2015年第6期。
③ 李鹏：《双高计划"的治理逻辑、问题争论与行动路径》，载《高等工程教育研究》2020年第3期，第126-131页。

化治理的基本内涵，体现了以人民为中心的思想，保证了人民当家作主。民主化也是职业院校治理现代化的一个重要维度，又是治理现代化的理想追求。在民主化的职业院校治理中，多元利益主体能够参与职业教育的治理，参与职业教育的政策决策、执行和监督，公平地获取职业教育的收益，各方的利益都能得到保障。民主化的职业教育治理要求合理界定政治权力、行政权力、学术权力和群团组织权力的适用范围和决策程序，畅通各利益主体发表意见、落实权益的有效渠道，建立与发展现代职业教育要求相适应的现代决策机制。

高职院校作为当今社会提供公共职业教育、传播传承文化知识的公共机构，不再是私人场所，公共性和民主性是现代职业教育的重要特征之一。① 高职院校的公共性则表现为高职院校治理中的利益共享和民主管理。要充分发挥学术委员会、教职工代表大会、学生代表大会、理事会等组织在学校治理中的作用。健全学校学术管理制度和规范，形成科学、民主、有效的学术管理体制。将学术委员会作为学术的最高管理机构，学术问题交由学术委员会评议、决策，保障学术组织在教学、科研等学术事务中有效发挥作用。学校重大政策决议或关系教职工切身利益的事项提交教职工代表大会征求教职工的意见，要体现教职工的主人翁精神，发挥教职工在学校治理中的作用，尊重教职工的权利，教职工的合理建议要积极采纳。

（二）开放化

随着改革开放的深入和经济社会的全球化，社会各个主体之间的联系更加紧密，各层面之间的交流更加活跃。开放是与封闭相对立的词语。只有开放才能发展，封闭必然落后。现代化的治理是开放的治理，是解放思想、开阔视野、吸纳外部先进思想的治理理念和方式。开放办学是高职教育的基本要求。新时代的高职教育要面向人，为社会群体提供多元化的入学渠道，开展多类型的职业教育与技能培训，为劳动者畅通成长之路，为各行各业培养需要的人才。高职院校的办学目标、定位、体制、层次、人才培养目标等都要求实行开放办学，在构建治理体系、实施治理行为的过程中，应体现开放性特征。

我国职业教育管理体制是以教育主管部门为核心的纵向分级办学、分级管理的封闭系统。这个系统具有较强的稳定性和保守性。在这个封闭系统中，满足行

---

① 胡莉芳：《公共性视域下的现代大学治理》，载《北京师范大学学报》2012年第4期，第29-36页。

政命令的要求就能获取相应的利益，存在的弊端就是削弱了教育与经济社会的联系，使得社会力量难以融入这个封闭的职业教育管理体系中。现代化职业教育系统是由各要素组成的复杂组织整体，高职院校已经从传统意义上的象牙塔逐步成为推动现代社会进步的供给站。现代职业院校治理反对高职院校的自我封闭、孤立和自大，它内在地要求高职院校必须走向开放、包容和多方联合，要求职业院校紧紧围绕区域经济社会发展，科学确定办学定位，立足于服务社会，培养经济社会需要的用得上、留得住的高素质技能型人才，只有这样才能在激烈的教育培训竞争中处于优势地位，从而实现学校高水平、高质量的发展。

（三）协作化

协作，合作，就是把独立的力量集合起来，形成合力。现代治理环境的复杂多样，治理对象多元化，内容复杂化，需要强调多方合作治理。传统的院校管理行政化倾向严重，强调行政权力，其他利益相关者的力量比较薄弱，造成治理低效、资源配置效率低下的后果，影响了学校的办学活力。治理主体的多元性是现代化高职院校治理的重要特征。正确处理各利益主体之间的关系，形成各利益主体的合力，是推进现代化治理的关键。治理的协同化强调资源的最优化利用与公共利益的最大化实现。提高利益相关者对学校治理体系的认同度，确保各利益主体都能积极表达利益诉求并得到合理的满足。满足和实现各利益相关者对自身价值、利益和目标的需求，需要建立共同治理的体制机制，包括各方参与人才培养的价值体系、组织体系、制度体系和行动体系，落实各方参与决策、执行与监督的组织、制度和机制保障，让多元力量参与治理实践。[①]同时，职业院校层面要采取协作会、区域化的治理形式，通过校校联合，实现上下贯通、横向互动、资源共用、成果共享，发挥优质示范校的带动作用，实现优势互补，推动区域职业教育共同发展，提升整体的办学水平。

（四）法治化

法治是现代文明社会的重要标志，依法治国是我们国家的基本方略。建设社会主义法治国家，是经济发展和社会进步的必然要求，是确保国家长治久安的根本保障。法治化有利于规范行为，提高效率，使过程程序化，也利于对过程进行监督与约束，保障人民的合法权利。现代化的高职院校治理是在相关政

---

① 罗孟冬：《地方高职院校核心竞争力研究》，光明日报出版社2018年版，第188页。

策法规制度框架下的治理，要按照《中华人民共和国教育法》《中华人民共和国高等教育法》《中华人民共和国职业教育法》等国家法律法规依法办学，要按照学校章程依法治校。围绕章程建立完善的制度体系，用制度来规范学校治理的行为，完善决策权、执行权、监督权等权力相互制约、相互协调的运行机制和制度体系，最大限度地优化政策、制度执行环境，确保各类政策、制度公开、公平、公正地执行，全面提高政策、制度的执行力。尤其是作为跨界的高职院校，治理对象存在复杂性，在高职院校治理各利益相关方的职责方面，其职责行使需要相关制度作为依据，只有这样才能保障各方的合法权利。构建合理高效的利益分配机制，这是高职院校治理取得成功的关键。在高职院校治理的社会参与方面，没有制度作为保障的社会参与可能只是徒有其表，对提升高职院校治理水平的作用微乎其微。①

（五）信息化

随着现代社会的发展，网络的普及，信息技术已经渗透社会生活的各个方面。计算机技术的应用，提高了人们工作的效率和社会效益，现代人必备的操作技能之一就是计算机操作能力。信息化网络化是现代社会的重要表现，是经济和社会发展的产物。以教育信息化促进教育现代化，用信息技术改变传统模式，对提高教育效益、提升人才培养质量有着深远的影响。全球教育发展已被深深地打上了信息化的烙印，信息技术不仅改变着教育教学方式，也影响着教育治理手段。教育的治理必定是依托信息化手段的现代化治理。现代化的职业教育离不开信息化的支撑。信息技术进入高职院校管理体系，从而影响高职院校的管理思想、管理方式、管理制度的变革。运用现代化的电子信息技术结合科学的管理理论，对传统高职院校的管理进行持续不断的革新和改善，能促进高职院校管理效率的提升。信息化管理的一个重要方面就是对数据的管理与分析，即通过数据去发现问题、分析问题和解决问题。但我国高职院校管理者对数据汇报、在线分析处理、基准分析、数据挖掘等信息技术还比较陌生，需要设计和重组内部组织结构，再造运作流程，从而实现高职院校管理模式的系统变革，建立适应社会发展要求的现代职业院校管理制度。② 在"互联网+"时

---

① 辛宪章、张岩松、王允：《高职院校治理研究》，东北财经大学出版社 2018 年版，第 10 页。

② 周光礼：《中国院校研究案例（第三辑）》，华中科技大学出版社 2011 年版，第 11 页。

代，高职院校要充分运用大数据、云计算、物联网、区块链等现代化先进信息技术，以建设智慧校园为载体，促进现代先进信息技术与高职院校治理的深度融合，建设"网络化治理""大数据治理"和"云治理"的高职院校治理技术信息化体系，促进高职院校治理手段从传统走向现代，实现高职院校治理技术现代化。

第二章 我国高职院校治理的历史演绎

我国国家教育体系纵向分为高等教育、中等教育和初等教育三个层次。高等教育包含普通高等教育和高等职业技术教育，而承担我国高等职业技术教育的学校即高职院校。我国最早的高职院校，是在20世纪80年代初改革开放以后建立起来的，当时我国一些经济较发达地区为了缓解经济发展技能型人才短缺的情况，率先创办了一批新型地方性大学和职业大学。其产生和发展的过程，是因应地方经济和社会发展以及人民群众需要的。经过40多年的发展，高等职业技术教育成为高等教育的重要组成部分，为国家经济的发展培养了大量技术技能型人才，是高层次人才培养的主力军。随着高等职业技术教育规模的扩大、外部环境的复杂、政府职能的转变，高等职业院校在不同的发展阶段采取了相应的治理手段，以适应高等职业院校可持续健康发展的需要，在实践中探索具有中国特色的治理模式。

第一节 我国高等职业院校的发展历程

在我国，高等职业院校的起步相对较晚，它是党的十一届三中全会后改革开放的产物，是我国教育改革特别是高等教育改革的一个新生事物，是普通高等教育的重要补充。至今，我国高等职业技术教育已历经了40多年的发展，其发展历程大体可以分为五个阶段，即初步建设阶段、调整改革阶段、蓬勃发展阶段、内涵建设阶段、创新发展阶段。

一、高等职业院校的初步建设阶段（1980—1984年）

1978年12月召开的中共十一届三中全会，提出从1979年起，把全党工作重点转移到社会主义现代化建设上来的战略决策。中国从此进入了改革开放和社会主义现代化建设的历史新时期，中国共产党从此开始了建设中国特色社会主义的新探索。发展经济建设需要各行各业的人才，国家面临着技术技能型人才匮乏的现状。在一些经济发达地区，由于产业结构的调整和岗位的升级，出现了对应用型高等技术人才的迫切需求。基于对高等技能人才的需要，原国家教委于1980年批准建立了首批13所职业大学。这批职业大学的建立是我国高等职业教育早期发展的雏形，标志着高等职业教育的正式产生。

1982年，第五届全国人民代表大会第五次会议通过的《关于第六个五年计划的报告》提出要调整高等教育的专业设置、教学办法，改变专业划分过细的现状。广播、电视、函授、夜大学等高等教育将有较大的发展。要着重举办各种形式的培训各级各类干部和工人的正规学院和正规学校，同时也要举办一些期限较短、课目较少的培训班。1983年发布的《关于调整改革和加速发展高等教育若干问题的意见》提出动员一切可能动员的力量，多渠道、多层次、多形式地放手大力发展职业技术教育。根据这一精神，教育部在1983年批准建立了33所职业大学。

这一时期的高等职业教育实现了经济发达地区、大城市办高等职业院校的探索，适应了市场经济体制和改革开放经济发展需要，按需办学，促进了地方经济的发展。但在这一时期，由于高等教育结构问题并没有受到重视，相当一部分的职业大学在办学过程中向普通高等学校靠拢，参照普通高等教育的办学方式。总的来说，职业大学在20世纪80年代的兴起可以看作由于高等教育的规模不足而导致的专科教育扩展的一部分，虽然它对高等职业教育进行了一定的尝试，但其培养规格和培养模式并不明确，高等职业教育的发展还处于萌芽状态。[①]

二、高等职业院校的调整改革阶段（1985—1995年）

1985年，《中共中央关于教育体制改革的决定》明确提出，要"积极发展高等职业技术院校，优先对口招收中等职业技术学校毕业生以及有本专业实践经验、成绩合格的在职人员入学，逐步建立起一个从初级到高级、行业配套、结构合理又能与普通教育相互沟通的职业技术教育体系。"该文件明确了职业教

---

① 周光勇、宋全政等：《高等职业教育导论》，山东教育出版社2003年版，第20－25页。

育初级、中级、高级的发展体系，构建了职业教育的框架。在此精神的鼓舞下，江苏、上海、广东等省市率先开办了高等职业教育，开始了对培养当地经济建设紧缺高技能人才进行有益的探索。高等职业院校扩展到22个省、自治区、直辖市，共建立了包括高等职业技术师范学院、短期职业大学和高等技术专科学校在内的127所高等职业院校。①

1986年，《国家教育委员会关于改革和发展成人教育的决定》明确提出"职工大学、职工业余大学、管理干部学院应当利用自己同企业、行业关系紧密的有利条件，结合需要，举办高等职业教育"，拓展了职业教育的办学主体，实现多种形式和大家来办职业教育的方针。

1990年10月，国家教委召开"全国普通高等专科教育工作座谈会"，会后发布了《关于加强普通高等专科教育工作的意见》，阐明了高等专科教育的性质、地位和培养目标。文件中提出，现有大多数短期职业大学在办学方向、服务对象、专业设置、培养目标、培养模式、毕业生去向等方面与普通高等专科学校区别甚微，对这类学校采取分流的办法。办学部门应根据本地区经济建设和社会发展的实际需要，认真研究这些学校的办学方向。一部分应办成以培养高级技艺性人才为目标的高等职业教育；一部分根据需要，可以明确为普通高等专科学校。这两类学校应有区别，各有特色，我们国家的高等职业教育应符合自己的国情。

1991年国务院颁布的《关于大力发展职业技术教育的决定》，1993年中共中央、国务院颁布的《中国教育改革和发展纲要》，明确提出了我国职业教育的发展目标，以及职业教育是现代职业教育的重要组成部分，各地要积极发展多样化的高中后教育，对未升入高等学校的高中生要进行职业技术培训等。1994年，全国教育工作会议明确提出，"三改一补"发展高等职业教育，即通过职业大学、成人高校和高等专科学校改革发展高等职业教育，如若还满足不了需要，可在国家级重点中专内开办高等职业教育班作为补充。

1985—1995年是高等职业教育得到长足发展的阶段年，这一时期，《中共中央关于教育体制改革的决定》这个历史性文件的颁发有力地带动了职教事业全面崛起。国务院发布的《关于大力发展职业技术教育的决定》，中共中央、国务院印发的《中国教育改革和发展纲要》，以及经国务院批准，中央有关部委连续召开几次全国职教工作会议，为职业教育的全面发展创造了具体条件、

---

① 张耀嵩：《高等职业教育办学体制机制研究》，复旦大学出版社2017年版，第11页。

构筑了发展框架,打开了多种渠道开展高职教育工作的新局面。

三、高等职业院校的蓬勃发展阶段（1996—2003 年）

在 1996 年召开的全国第三次教育工作会议上,李岚清副总理提出:"现在已是研究、解决发展高等职业教育问题的时候了。"会议明确提出要积极发展高等职业教育。1996 年公布实施的《中华人民共和国职业教育法》明确规定:职业学校教育分为初等、中等、高等职业学校教育,"高等职业学校教育根据需要和条件由高等职业学校实施,或者由普通高等学校实施"。这是在我国历史上第一次把高等职业学校教育以法律形式固定下来,第一次确立了高等职业教育和高等职业学校在我国教育结构中的法律地位。《中华人民共和国职业教育法》和全国职教会议进一步系统地、全面地回答了高等职业教育发展中的一系列重大问题。

1998 年教育部发布的《面向 21 世纪教育振兴行动计划》明确提到大力发展职业技术教育与高等教育,为经济的发展提供合格的劳动者。高等职业教育必须面向地区经济建设和社会发展,适应就业市场的实际需要,培养生产、服务、管理第一线需要的实用人才,真正办出特色。同年,《中共中央国务院关于深化教育改革全面推进素质教育的决定》再次提出"要大力发展高等职业教育,培养一大批具有必要的理论知识和较强实践能力,生产、建设、管理、服务第一线和农村急需的专门人才"。

1999 年国家实施大学扩招计划,我国高等教育由"精英教育"开始走向"大众化教育"。为确保扩招任务顺利完成,1999 年教育部批准设置了 34 所职业技术学院。一部分由办学条件好的国家级或省部级重点中专参与合并组建,一部分由办学实力非常强、办学条件非常好的国家级或省部级重点中专单独升级。截至 1999 年,全国经教育部批准设置的职业技术学院共有 92 所。①

2003 年,教育部又明确要大力发展高职教育,特别要采取新的办学模式和运行机制,积极探索民办高职教育;坚定不移地把农村和西部地区的职业教育作为发展重点。

这一系列方针和政策极大地推动了我国高职院校规模和效益的发展,也大大地促进了我国高等教育大众化的进程。

---

① 周光勇、宋全政等:《高等职业教育导论》,山东教育出版社 2003 年版,第 20 - 25 页。

四、高等职业院校的内涵建设阶段（2004—2012年）

职业教育院校经过几年的大力发展，招生规模实现了突破。从1999年开始，高校连续几年大规模扩招，到2002年，我国高等教育毛入学率超过15%，进入国际公认的高等教育大众化发展阶段。1998年至2003年，全国高等职业教育招生数从43万人增长到200万人，在校生从117万人增长到480万人，高等职业院校达到908所，占普通高校总数的58%。高职教育规模的迅速增长，为高等教育进入大众化阶段做出了重要贡献。

高职院校数量的增加，以服务为宗旨、以就业为导向，注重质量提高、重视内涵建设已经成为高职院校的共识。为了促进高职院校的可持续健康发展，保障高职院校的人才培养质量，2003年，教育部发布了《关于开展高职高专院校人才培养工作水平试点工作的通知》，明确开展高职高专院校评估试点工作，对26个省（自治区和直辖市）的28所高职院校进行了评估。2004年发布了《教育部办公厅关于全面开展高职高专院校人才培养工作水平评估的通知》，出台了《高职高专院校人才培养工作水平评估方案》《高职高专院校人才培养工作水平评估工作指南》《高职高专院校人才培养工作水平评估专家组工作细则（试行）》等文件，正式启动高职高专院校人才培养水平评估工作；要求各省、自治区、直辖市在五年内完成对本地区所有高职高专院校的第一轮评估。

2005年10月，《国务院关于大力发展职业教育的决定》明确提出要实施职业教育示范性院校建设计划，在整合资源、深化改革、创新机制的基础上，重点建设高水平的培养高素质技能型人才的100所示范性高等职业院校。加快高等职业教育改革与发展，全面提高人才培养质量和办学水平，更好地发挥高职院校在培养高素质高级技能型专门人才，促进就业、改善民生，构建终身教育体系和建设学习型社会等方面的重要作用。

2006年，教育部、财政部正式启动了国家示范性高职学院建设项目，28所高职学院入选首批立项建设单位。2007年、2008年分别立项建设42所、30所，共100所。2010年8月，教育部和财政部联合下发《关于进一步推进"国家示范性高等职业院校建设计划"实施工作的通知》，在原100所国家示范性高等职业院校的基础上，新增100所骨干高职院校，以此继续推进"国家示范性高等职业院校建设计划"。

示范性高等职业院校建设计划以及骨干高职院校建设就是高等职业教育质

量工程建设，通过示范性院校建设，使示范院校在办学实力、教学质量、管理水平、办学效益和辐射能力等方面有较大提高，从而带动全国高职院校办学实力提升，教学质量全面提高。

五、高等职业院校的创新发展阶段（2012年至今）

2014年，《国务院关于加快发展现代职业教育的决定》提出要加快构建现代职业教育体系，创新发展高等职业教育。一是确定职业教育的重要地位，二是创新职业教育模式，三是提升人才培养质量，四是引导社会力量兴办职业教育。同年6月，教育部等六部门发布的《现代职业教育体系建设规划（2014—2020年）》提出，"现代职业教育是服务经济社会发展的需要，面向经济社会发展一线，培养高素质劳动者和技术技能人才并促进全体劳动者可持续发展的类型教育"，"建立现代职业教育体系，对实现中华民族伟大复兴的中国梦都具有重要意义"。9月，教育部印发《关于开展现代学徒制试点工作的意见》，提出建立现代学徒制是推进现代职业教育体系建设的战略选择，是深化产教融合、校企合作的有效途径，要着力构建现代学徒制培养体系，全面提升技术技能人才的培养能力和水平。

2015年10月，教育部印发《高等职业教育创新发展行动计划（2015—2018年）》，明确提出"扩大优质教育资源、增强院校办学活力、加强技术技能积累、完善质量保障机制、提升思想政治教育质量"五大行动，行动计划提出了65个工作任务和22个建设项目，促进了高职教育的特色发展和创新发展。

2016年《中华人民共和国国民经济和社会发展第十三个五年规划纲要》发布，明确提出"推进职业教育产教融合"，"完善现代职业教育体系，加强职业教育基础能力建设。推动具备条件的普通本科高校向应用型转变。推行产教融合、校企合作的应用型人才和技术技能人才培养模式"。

2017年党的十九大召开，对职业教育提出了新的要求。国务院印发了《深化产教融合的若干意见》，提出构建教育和产业统筹融合发展格局、强化企业重要主体作用、推进产教融合人才培养改革、促进产教供需双向对接、完善政策支持体系五大重点任务。

2018年，教育部等六部门联合印发《职业学校校企合作促进办法》，明确了校企双方可结合实际在人才培养、技术创新、就业创业、社会服务、文化传承等方面开展7种形式合作，鼓励有条件的企业举办或者参与举办职业学校。

该办法构建起校企合作的基本制度框架，对深化产教融合、校企合作，奋力办好新时代职业教育，具有重要意义。

2019年国务院又印发了《国家职业教育改革实施方案》，指出，"职业教育与普通教育是两种不同教育类型，具有同等重要地位"，"没有职业教育现代化就没有教育现代化"，"把职业教育摆在教育改革创新和经济社会发展中更加突出的位置"。

在这一阶段，我国高职院校的发展模式开始了新一轮的创新发展，逐步踏上现代化、国际化、规范化的改革之路。在国家大力发展职业教育的背景下，高等职业院校被提高到前所未有的重要地位。目前，各高职院校以服务发展为宗旨，以促进就业为导向，深化产教融合、校企合作，迈开了进一步改革与创新发展的步伐。

第二节　高职院校治理的历史沿革

我国高职院校治理经历了以下几个阶段：1949年以后，国家对高等教育实行集中的管理。1978年国家实行改革开放政策后，为了满足经济建设需要的大量技能型人才，探索建立了高职院校，开创了中心城市办高校的先河，高职院校治理具有了初步的办学自主权。在建立初期，高职院校基本上按照普通高等院校的管理模式。20世纪90年代以后，高职院校治理逐渐规范，国家出台了一系列职业教育的政策法规和高等职业教育文件规定，高职院校治理进入有法可依的法制化阶段。21世纪初期，高职院校的治理逐渐探索产学研的方式，意识到职业教育治理需要借助外部多种方式。党的十八大以来，党和政府高度重视国家治理能力的建设，在此背景下，高职院校也开始了建设高等职业教育现代化治理体系。

一、高职院校治理初步探索阶段

"文革"结束后，各项事业百废待兴。1978年党的十一届三中全会做出"把全党工作重点和全国人民的注意力转移到社会主义现代化建设上来"的重大决策，确定了改革开放的政策。20世纪80年代是我国经济体制改革的起步阶段，也是教育体制改革的探索阶段。在经济体制改革背景下，高等职业教育也进行了多种体制机制的探索与实践。国家对高等职业教育的领导体制、专业设置、办学形式等基本理论问题进行了有益的探索。

1983年4月教育部、国家计委颁发的《关于加速发展高等教育的报告》要求：调整改革高等教育内部结构，增加专科和短期专业的比重；"积极提倡大城市、经济发展较快的中等城市和大企业举办高等专科学校和短期职业大学，为本地区、本单位培养人才，办学方式，可以单独办，也可以与有基础的院校合办"①。1985年5月中共中央颁发的《关于教育体制改革的决定》认为当时"经济建设大量急需的职业和技术教育没有得到应有的发展，高等教育内部的科系、层次比例失调"，"要从根本上改变这种状况，必须从教育体制入手，有系统地进行改革。改革管理体制，在加强宏观管理的同时，坚决实行简政放权，扩大学校的办学自主权；调整教育结构，相应地改革劳动人事制度。还要改革同社会主义现代化不相适应的教育思想、教育内容、教育方法"。这标志着在新的时代背景下，我国高等教育事业完成恢复重建，正式进入体制调整改革阶段。② 改革开放至20世纪80年代初期一部分职业大学的出现，对普通高等教育在数量上起到了有益的补充作用，是应对当时经济快速发展而大量技能型人才缺乏的重要举措。与普通高等院校相比，职业大学在体制机制上具有一定的创新。其办学经费主要由当地政府每年按学生人数划拨。有些省教育行政部门每年也按比例给所属市办职业大学拨一部分经费。中央有关部门也会拨给职业大学一部分经费。地方政府筹集资金为职业大学兴建了教学用房和教工宿舍。向学生适当收费，但收费标准很低。除了以上经费收入外，在有些地区，也有用人单位资助职业大学经费。不少普通高等学校也为职业大学提供了图书、仪器设备、各种教学资料以及人才的支援。此外，一些职业大学通过委托代培、定向招生、合同办学等形式实行联合办学以及实现在科研、生产和社会服务各方面创收，以改善办学条件。③ 在经济、社会不断发展的过程中，职业大学顺应企业、社会的需要，但也存在一定的不足和局限性。一是由于职业大学刚刚起步，在专业设置上，从理论到实践各方面都尚未成熟，还存在着脱离行业需要、盲目照搬普通大学专业教学计划的现象。二是职业大学的兴起主要是依靠地方

---

① 李进：《新中国高等职业教育发展纪实》，上海教育出版社2013年版，第19页。
② 李进：《新中国高等职业教育发展纪实》，上海教育出版社2013年版，第19页。
③ 李进：《新中国高等职业教育发展纪实》，上海教育出版社2013年版，第26页。

财政，经费短缺造成办学条件不足，办学规模较小，办学效益受到影响。三是职业大学对学生毕业就业采取的是国家不包分配，学校择优推荐，用人单位量才录用的方式。由于一直以来人们对职业教育的偏见，职业大学毕业生的就业情况不如普通高校毕业生。

1986年第一次全国职业教育大会召开，会议确定：对职教"要加强领导，改革体制，统筹规划，因地制宜，结合需要大力发展，实行多层次、多种形式、大家来办的方针"。1986年5月，为了统筹职业教育发展，国务院转发了国家教育委员会等部门《关于建立职业技术教育委员会的通知》，正式建立了职业技术教育委员会。

1987年，国务院批准的《国家教育委员会关于改革和发展成人教育的决定》指出，职工大学要在调整、改革、提高质量的基础上有计划地发展。要求职工大学完善办学条件，优化专业结构，加强内部管理，确保培养规格，提高办学质量。并提出"成人学校要发挥多种功能"，"要加强成人学校与普通学校之间、各类成人学校之间的横向联系和协作，发展多种形式的联合办学"。自此，各地积极探索和尝试联合办学方式。

二、高职院校治理调整规范阶段

（一）出台了相关的法律法规

1996年，《中华人民共和国职业教育法》发布，这是职业教育政策发展中的重大事件，它确定了职业教育的法律地位，规定了政府、社会、企业、学校以及个人在职业教育中的义务和权利，明确了职业教育的根本任务、办学体制和管理体制，提出了发展职业教育的方法和途径，规定了职业学校的设置标准和进入条件等。该法明确了政府在发展职业教育中的责任："国务院教育行政部门负责职业教育工作的统筹规划、综合协调、宏观管理。国务院教育行政部门、劳动行政部门和其他有关部门在国务院规定的职责范围内，分别负责有关的职业教育工作。县级以上地方各级人民政府应当加强对本行政区域内职业教育工作的领导、统筹协调和督导评估。"规定了"企业应当根据本单位的实际，有计划地对本单位的职工和准备录用的人员实施职业教育。企业可以单独举办或者联合举办职业学校、职业培训机构，也可以委托学校、职业培训机构对本单位的职工和准备录用的人员实施职业教育"。职业教育得到国家法律的规范和保护，标志着职业教育从此走上有法可依的规范化建设道路。

1998年，《中华人民共和国高等教育法》颁布，其规定："本法所称高等学校是指大学、独立设置的学院和高等专科学校，其中包括高等职业学校和成人高等学校。"这进一步确立了高等职业教育的法律地位。该法规定了高等院校"实行中国共产党高等学校基层委员会领导下的校长负责制。中国共产党高等学校基层委员会按照中国共产党章程和有关规定，统一领导学校工作，支持校长独立负责地行使职权"；确定了高等院校制订招生方案、设置和调整学科专业、制订教学计划、开展科学研究等七项办学自主权，为之后的法人治理提供了法制前提。

（二）调整职业教育宏观管理职能

1994年、1995年和1996年，国务院办公厅分别召开三次高等教育管理体制改革座谈会，在改革实践的基础上认真总结以往的经验，明确了高等教育管理体制的改革思路。1998年3月，第九届全国人民代表大会第一次会议通过国务院机构改革方案，国家教育委员会更名为教育部。教育部实施了部门整合，集合原有的职业技术教育司、成人教育司和城市与农村教育综合改革办公室，组建职业教育与成人教育司。其行政职能是主管全国普通及成人中等职业学历教育、成人文化技术教育事业和农村、城市及企业教育综合改革工作。1998年召开的高等教育管理体制改革经验交流会，提出了"共建、调整、合作、合并"的"八字方针"，国务院颁布《关于调整撤并部门所属学校管理体制的决定》，对撤销的国务院9个部委所属的93所普通高校、72所成人高校以及许多中专和技校的管理体制进行了调整，解决了部门办学的体制问题。

（三）提出多层次联合办学

1993年，中共中央、国务院印发《中国教育改革和发展纲要》，要求各级政府调动各部门、企事业单位和社会各界的积极性，形成全社会兴办多形式、多层次职业技术教育的局面。各地要积极发展多样化的高中后教育，对未升入高等学校的普通高中毕业生进行职业技术培训。改变政府包揽办学的格局，逐步建立以政府办学为主体、社会各界共同办学的体制。并明确提出，在现阶段，职业技术教育和成人教育主要依靠行业、企业、事业单位办学和社会各方面联合办学；发展职业技术教育要与当地经济发展的需要相适应；各级各类职业技术学校都要主动适应当地建设和社会主义市场经济的需要；要认真实行"先培训，后就业"的制度。

1995年国家教委印发《关于推动职业大学改革与建设的几点意见》，提出："要加强与产业部门的联合，积极实行校企结合。有条件的学校，可建立包括企业界、科技界等方面代表组成的校董会。要努力探索产教结合的办学路子，大力发展校办产业，增强学校的办学活力与自我发展能力"，"学校主管部门配备学校领导人员，应按照普通高等学校的要求对待并力求相对稳定。地方政府要加强对学校的领导，制定必要的政策措施，为职业大学的健康发展创造条件"。

如深圳职业技术学院于1996年4月建校3周年之际成立了学院董事会，董事会由市级以上有关部门领导、企业界董事单位领导、社会各界名流、港澳及海外关心和支持学院建设的知名人士共52名组成，董事单位涉及深圳市各行业大型企业27个。董事会制定了章程，明确董事会的宗旨就是对学院建设中的重大问题提供咨询、审议、决策和监督。原则上，董事会每学年召开一次会议；必要时，经董事长或副董事长及学校提议，可临时召集会议。董事单位有义务为学校的学生提供实习基地，学校则在人才培养、科技开发、信息咨询和毕业生录用等方面给予董事单位优先服务。

株洲职业技术学院于1998年10月正式成立董事会，实现了企业参与高职院校的办学，高职院校开发和利用企业的教学资源，形成一种互惠互利的合作关系。湖南省内的株洲硬质合金厂、中国有色金属工业公司长沙公司、华菱股份有限公司、湘潭钢铁公司、株洲冶炼厂、衡阳钢管集团有限公司、水口山矿务局，湖南省外的广西平果铝业公司、广州钢铁股份有限公司、杭州钢铁股份有限公司、华北铝业有限公司等20多家大型企业成为其董事成员单位。一方面，为发挥董事会的作用，增进校企之间的了解，株洲职业技术学院将本校高职教育建设和发展规划、教学大纲、教育教学改革的大政方针及其方案等，都提交董事会论证和决策。学校的人才培养目标和规格、教学大纲、教学计划及有关教学文件也都提交董事会讨论和审核。另一方面，董事会成员工作认真负责，他们不仅为株洲职业技术学院高职教育建设和发展积极出谋划策，贡献自己的聪明才智，还利用各自单位的条件，为株洲职业技术学院高职教育做了许多有益的工作。如他们重视校企结合基地建设，不断改善基地条件，以利于株洲职业技术学院学生校外实训和实习；他们关心株洲职业技术学院实训实习学生，有的还去看望带队指导教师和学生，并为他们及时解决在基地学习、工作、生活等方面存在的困难；他们认真安排校企结合的有关工作，妥善处理基地生产与学生实训实习之间的某些矛盾。同时，他们还派出优秀的工程技术人员到株洲职业技术学院兼课或做讲座。在为株洲职业技术学院筹措建设经费方面，他们也做出了很大的努力。①

（四）提出管理权的初步下放

1992年，党的十四大正式确立了社会主义市场经济体制的改革目标，我国正式进入改革开放和现代化建设新阶段。1993年，中共中央、国务院颁布了《中国教育改革和发展纲要》，在政府和学校的关系上，明确提出要扩大高校办学自主权，使高等学校真正成为面向社会自主办学的法人实体，政府对学校的直接行政管理转变为宏观管理。在中央和地方的关系上，进一步确立"两级管理、分级负责的教育管理体制"，扩大省（自治区、直辖市）的教育决策权和统筹权。②

1994年，国务院《关于〈中国教育改革和发展纲要〉的实施意见》提出，"积极做好高等专科学校和高等职业学校审批权下放的试点工作"。1996年后，教育部制定了进一步支持指导高职办学的政策，将审批权下放到省级政府。1997年国家教委颁布了《关于高等职业学校设置问题的几点意见》，明确了高等职业学校设置的基本条件以及在校生规模，提出"新设高等职业学校一般称为职业技术学院"，"设置高等职业学校，由省级人民政府或国务院有关部门申报，经全国高等学校设置评议委员会评议通过后，由国家教委审批"。1998年颁布的《面向21世纪教育振兴行动计划》提出："要通过试点逐步把高等职业教育的招生计划、入学考试和文凭发放等方面的责权放给省级人民政府和学校，省级人民政府在国家宏观指导下，对本地区高等职业教育的现有资源进行统筹。"进一步将高等职业教育的管理权限下放到了省级政府。自此，我国高等职业教育基本确立了以地方政府为主管理、国家宏观指导的管理体制。

1999年，教育部和国家计委联合印发的《试行按新的管理模式和运行机制举办高等职业技术教育的实施意见》（简称《意见》）指出："在1999年普通高等教育年度招生计划中，安排10万人专门用于部分省（市）试行与现行办法有所不同的管理模式和运行机制举办高等职业技术教育。"《意见》明确了国家层面、省市层面和院校层面的管理职责，授予省级政府更大的教育管理自主权。国家层面，主要负责高等职业技术教育的统筹规划、综合协调和宏观管理，制

---

① 胡延华等：《高职院校机制改革与创新研究》，湖北科学技术出版社2006年版，第280-282页。

② 蔡亮：《我国大学治理变革的历史路径选择考察》，载《山东高等教育》2018年第4期，第25-32页。

定基本统一的质量标准、管理办法,编制年度指导性计划,审定举办学校的资格,以及对试办情况进行监督检查。而年度招生计划、招生办法、专业设置、收费标准和户籍管理,监督检查学业证书发放,指导毕业生就业,确定生均教育事业费的补贴标准等则授权给省级教育主管部门,提高其办学积极性。《意见》对理顺高职教育宏观管理体制、增强高职教育的发展动力起到了不可低估的重要作用。

1999年召开的第三次全国教育工作会议进一步明确应把发展高职和大部分专科教育的权责交给省级政府,同时通过整合教育资源,使高等教育向人口较多的地市级延伸。同年,中共中央、国务院颁布的《关于深化教育改革全面推进素质教育的决定》提出:"现有的职业大学、独立设置的成人高校和部分高等专科学校要通过改革、改组和改制,逐步调整为职业技术学院(或职业学院)。支持本科高等学校举办或与企业合作举办职业技术学院(或职业学院)。省、自治区、直辖市人民政府在对当地教育资源的统筹下,可以举办综合性、社区性的职业技术学院(或职业学院)。"密集出台的相关政策,规范了高职院校的办学,成为推动高职教育迅速起步的重要政策因素。

2000年,国家在中央与地方的关系方面迈出了决定性的一步,实行了两个重要的新政策:一是把高职学校的审批权下放给省级政府。此前所有高校都要由教育部审批。二是把相应专科层次的招生计划权下放到省,中央只管本科。

三、高职院校治理改革完善阶段

(一)建立职业教育工作部际联席会议制度

2002年印发的《国务院关于大力推进职业教育改革与发展的决定》提出,要"在国务院领导下,建立职业教育工作部际联席会议制度,研究解决职业教育工作中的重大问题",以"建立并逐步完善在国务院领导下,分级管理、地方为主、政府统筹、社会参与的职业教育管理体制"。

2004年6月,由教育部、国家发改委、财政部、人事部、劳动保障部、农业部、国务院扶贫办七部门组成的职业教育工作部际联席会议制度正式建立。联席会议统筹协调全国职业教育工作,研究协调解决工作中的重大问题,听取国家职业教育指导咨询委员会等方面的意见建议,部署实施职业教育改革创新重大事项。联席会议制度强化了政府对职业教育的统筹领导,促进了政府有关部门对职业教育工作的沟通与协调,是我国职业教育发展史上的一个重要的体制创新，对我国职业教育的改革和发展具有重要意义。

2005年10月，《国务院关于大力发展职业教育的决定》印发，明确要求"县级以上地方政府也要建立职业教育工作部门联席会议制度"，进一步加强了对职业教育的统筹和领导，为职业教育快速持续健康发展提供了有力的制度保证。

（二）成立全国高职高专校长联席会议

2002年1月8日，我国职业教育中第一个会议团体——全国高职高专校长联席会议成立。联席会议由国家示范性高等职业院校和从事高等职业教育的其他高等院校以及相关的社会团体以团体会员的形式组成。来自全国20多个省、自治区、直辖市的47所高职高专院校成为首批成员单位。[①] 联席会议坚持政府统筹、面向社会、地方为主、依靠企业发展职业教育的原则，在教育部的指导下，以成员单位为主体，密切配合我国政府实施的各项教育改革重大工程，起到连接政府、学校与社会的桥梁作用，扩大高职高专教育的影响，积极推动我国高职高专教育的改革与发展。2021年3月，全国高职高专校长联席会议更名为"全国职业高等院校校长联席会议"。

（三）重视企业办学力量

2002年，国务院召开全国职业教育工作会议，发布了《国务院关于大力推进职业教育改革与发展的决定》，提出要深化职业教育办学体制改革，形成政府主导、依靠企业、充分发挥行业作用、社会力量积极参与的多元办学格局。县级以上地方各级人民政府要在发展职业教育中发挥主导作用，重点办好起骨干和示范作用的职业学校和职业培训机构，组织、指导并支持企业、行业和社会力量举办职业学校和职业培训机构。要规范中等和高等职业学校的名称，并体现职业特点。要充分依靠企业举办职业教育。企业要根据实际需要举办职业学校和职业培训机构，强化自主培训功能，加强对职工特别是一线职工、转岗职工的教育和培训，形成职工在岗和轮岗培训的制度，实行培训、考核、使用、待遇相统一的政策。企业要和职业学校加强合作，实行多种形式联合办学，开展"订单"培训，并积极为职业学校提供兼职教师、实习场所和设备，也可在职业学校建立研究开发机构和实验中心。有条件的大型企业可以单独举办或与

---

① 陈鸿：《2003年中国职业教育大事记》，载《职教通讯》2004年第6期，第3页。

高等学校联合举办职业技术学院。中小企业应依托职业学校和职业培训机构进行职工培训和后备职工培养。职业学校要建立由企业、行业等社会各界人士参加的咨询委员会或理事会，为学校重大问题提供咨询或参与决策。

2004年《教育部等七部门关于进一步加强职业教育工作的若干意见》提出："深化办学体制改革，促进多元办学格局的形成。要深化公办职业院校体制改革，积极推进公办职业院校运行机制创新，真正形成面向社会、面向市场自主办学的实体。鼓励公办职业院校大胆引进竞争机制，推动公办职业院校重组和整合，探索与企事业单位、社会团体、民办职业学校及个人合作方式，实行多元投资并举的办学体制。在推进职业院校的重组和整合中，要防止公办职业教育资源的流失。"

2005年，国务院再次召开全国职业教育工作会议，发布了《国务院关于大力发展职业教育的决定》，再一次明确"大力推进工学结合、校企合作的培养模式"。

2006年3月，《教育部关于职业院校试行工学结合、半工半读的意见》发布，提出：职业院校要紧紧依靠行业企业办学，进一步扩展和密切与行业企业的联系，加强教育与生产劳动和社会生产实践相结合，加快推进职业教育培养模式由传统的以学校和课程为中心向工学结合、校企合作转变。要进一步推进校企合作，找准企业与学校的利益共同点，注重探索校企合作的持续发展机制，建立学校和企业之间长期稳定的组织联系制度，实现互惠互利、合作共赢。鼓励校企合作方式的创新，进一步鼓励行业企业举办职业院校，同时鼓励职业院校依托专业发展产业，以产业发展促进专业建设。

教育部高等职业教育产学研结合经验交流会的连续召开，以及一系列配套文件的出台，明确了高等职业教育发展的方针为"以服务为宗旨，以就业为导向，走产学研结合的发展道路"。主动适应经济和社会发展需要，坚持培养面向生产、建设、管理、服务第一线需要的"下得去、留得住、用得上"、实践能力强、具有良好职业道德的高技能人才，探索和实行校企合作办学模式成为这一时期我国职业教育改革和发展的重点。

（四）普遍成立了专业管理委员会，与用人单位和行业协会的联系紧密

2010年3月，全国职业教育教学改革创新指导委员会成立。该指导委员会是在教育部的领导下对全国职业教育教学工作进行研究、咨询、指导、服务和

质量监控的专家组织，旨在发挥有关政府部门、行业协会、企事业单位等的积极性，加强对职业教育人才培养和教学工作的宏观指导等。全国职业教育教学改革创新指导委员会下设多个行业职业教育教学指导委员会，是由行业主管部门或行业组织牵头组建和管理，对相关行业（专业）职业教育教学工作进行研究、指导、服务和质量监控的专家咨询组织，同时也是指导本行业职业教育与培训工作的专家组织。

职业教育与普通教育相比较，其重要特点之一是它与用人单位紧密相连，直接服务于企业。职业教育需要用人单位的直接参与，才能实现培养目标，并不断提高教育质量和办学效益。从企业的角度来看，企业要想在市场竞争中立于不败之地，最根本的就是要全面提高企业职工的素质。而企业生产和服务第一线所需的人才和熟练的劳动者必须通过职业教育来培养。因此，在高职院校层面，部分高职院校通过聘请企业顾问，成立专业咨询委员会、专业管理委员会、专业指导委员会等形式密切学校与企业、行业的联系。专业管理委员会是邀请一些在本专业和行业有较大影响的专家和工程技术人员、政府职能部门的领导，以及学校的专业教师、负责人组成的一个咨询性机构，它担负着学校与企业和社会互相沟通、密切学校与用人单位联系的重要责任。根据上海市教育委员会高教处 2000—2002 年的调查结果，上海 95% 的高职院校都与行业、企业紧密联系，建立了由行业专家尤其是生产服务第一线的优秀工作人员组成的专业指导委员会，由他们直接参与人才培养规格、教学计划的制订以及教学过程质量的评估。通过与企业的联合，学校还能及时了解企业对人才的需求、企业的发展和最新动态。同时，企业也为学校师资培训、学生实习、毕业分配等提供了有利条件。

高职院校从其起步开始，就在内部管理等各个方面进行了不懈的探索，努力寻求符合高职院校特色的发展模式，主要表现在：深圳职业技术学院根据《深圳市市管单位领导集体决策重大问题议事规则》的文件精神，结合本校的实际情况，相应出台了《深圳职业技术学院领导集体决策重大问题议事规则》，严格执行民主集中制，坚持集体领导、民主管理、科学决策。该议事规则对议题范围、决策程序及要求、议事记录规范、有关纪律等都做了具体规定，为决策的民主化、科学化提供了制度保证。此外，深圳职业技术学院通过建立教职工代表大会制度、督察小组制度、民主党派参政议政制度、校领导接待师生来访日制度等全面广泛的校务公开交流渠道，拓宽了师生参与学校管理和决策的途径：一是教代会每年召开一次，在教代会上，由全体教职工选举产生的代表对学校行政、财务等方面的工作进行审议，教职工还可以通过提案的形式对学校建设提出建议与意见。二是在教代会闭会期间，成立了基建财务、行政管理、教学科研三个督察小组，加强了对重点部门决策的监督。三个督察小组广泛听取群众的意见和建议并及时向校领导和学校党委反映，对学校各方面的工作提出批评和建议，对各级干部廉政、勤政情况进行民主监督。三是学校党委每年至少召开两次民主党派人士座谈会，认真听取他们的意见与建议，保护和调动他们参政议政的积极性。四是建立校领导接待师生来访日制度。目前，学校将每周三的上午作为校领导接待师生来访的时间，每周一在校园网上《一周工作安排》中公布本周接待师生的校领导、接待地点等相关情况，并且由校办安排专人负责对群众反映的情况进行跟踪处理。五是设立院长信箱和群众举报箱，听取群众呼声，并对有关事件进行及时处理。校办有专人负责举报箱的管理，每天定时开箱处理信件，做到事事有着落，件件有回音。六是建立师生交流会、师生"半月谈"等制度，2003年举行学校及系部大型师生交流会10余次，"非典"期间还举行了网上交流会。①

四、高职院校创新现代化治理阶段

党的十八大以来，国家密集出台了一系列政策举措全力支持职业教育改革发展，把加快发展现代职业教育要求纳入国家重要区域规划，职业教育发展环境越来越好。2013年党的十八届三中全会通过了《中共中央关于全面深化改革若干重大问题的决定》。该决定的改革总体目标是实现"国家治理体系和治理能力的现代化"，这是党内文献首次出现"国家治理"这一理念。《国务院关于加快发展现代职业教育的决定》提出政府要加强对职业院校的规范管理和监督指导，完善现代职业学校制度。高职院校治理是国家治理体系的重要组成部分，也是整个国家公共事业的一部分，在国家政治体制改革的背景下，完善科学规范的治理体系，形成高水平的治理能力也成为我国现代职业教育改革的重要目标。

（一）简政放权，开展"放管服"改革

2014年的《政府工作报告》提出要简政放权，2015年的《政府工作报告》

---

① 胡延华等：《高职院校机制改革与创新研究》，湖北科学技术出版社2006年版，第283页。

又提出"加大简政放权、放管结合改革力度",2016年《政府工作报告》进一步提出"推动简政放权、放管结合、优化服务改革向纵深发展"。2017年4月,教育部等五部门出台了《关于深化高等教育领域简政放权放管结合优化服务改革的若干意见》,将多项由中央和地方政府掌管的办学权力下放给了地方和高校,使高等学校拥有了更大的办学自主权,从而开启了高等教育领域的放管服改革。为进一步深化教育行政审批制度改革,教育部根据国务院关于取消和下放行政审批的决定和通知,印发了《关于加强取消和下放行政审批后续工作的通知》,要求及时清理修改有关规章和规范性文件,加强事中事后监管,做好舆论宣传和意见收集工作,做好非行政许可审批事项的清理规范工作。

2015年5月,教育部下发的《关于深入推进教育管办评分离 促进政府职能转变的若干意见》提出要以落实学校办学主体地位为核心任务,推进教育治理体系和治理能力现代化这一总目标,并鼓励有工作基础的地方积极开展改革试点。2017年10月颁布的《中共中央关于深化教育管理体制机制改革的决定》明确提出"要深化简政放权、放管结合、优化服务改革,把该放的权力坚决放下去,把该管的事项切实管住管好,加强事中事后监管,构建政府、学校、社会之间的新型关系",为高等院校扩大办学自主权提供了重要保障和政策依据。

2019年,国务院印发的《国家职业教育改革实施方案》提出:各级政府部门要深化"放管服"改革,加快推进职能转变,由注重"办"职业教育向"管理与服务"过渡。政府主要负责规划战略、制定政策、依法依规监管。发挥企业作为重要办学主体的作用,鼓励有条件的企业特别是大企业举办高质量的职业教育,各级人民政府可按规定给予适当支持。自此,各地教育行政管理部门相继研究制定了符合本地实际的"放管服"改革措施,把专业设置、进人用人、职称评审、经费使用等权力下放到了高等院校。政府和高等院校在高等教育管理中找准了职责定位,各司其职,简政放权,高等教育现代化治理迈入新阶段。

在"放管服"思想的指导下,各高职院校探索二级学院管理,将管理的权限下放至二级学院。如深圳职业技术学院从2004年7月开始启动学院制管理,完善各项管理制度。学院制管理的主要特征是授权,学校一级只保留重大问题的决策权和在政策、目标、任务方面的必要控制权,中下层拥有了某些问题的决策权和其他有关职权,不同层次具有不同的决策权限。学院制改变了过去所有权力集中在学校一级的现象,避免权力的过度集中,实现了集权和分权的协调统一。学校的主要管理职能是宏观决策、政策导向、目标管理、检查监督。

在人事、财务、教学、科研等方面下放权力给各学院，由各学院自行决策，充分发挥基层的主观能动性。学校则由过程管理向目标管理过渡，通过制订考核方案，实现对编制管理、人员考核、质量评估等方面的宏观调控，起到监督考核的作用。①

广西建设职业技术学院积极调整学校组织结构，基本形成学校—院系二级管理的组织结构和运行机制。一是改革升格转型前的直线式组织结构模式，基本建构了学校、行政职能部门、教学实体单位院系间纵横交错的、矩阵式的二元结构系统，即行政系统和学术系统，形成了以扁平化为特征的组织结构。二是初步明确了学校和院系的管理职能。在学校层面，管理职能侧重于宏观决策、统筹协调等，充分发挥政策制定、资源配置、目标设定、监督评价等宏观调控职能；院系则是教育教学活动的实施主体，承担着组织开展教育教学、科学研究、社会服务等具体实施职能，在培养目标、专业设置、课程建设、教学科研活动等方面拥有相对的独立自主权。三是基本建立了学校—院系二级管理的规章制度与运行机制。根据二级管理体制改革的要求，职能部门依照推行二级管理的核心思路，探索实施管理重心下移的方法与步骤，在各个管理领域都实现了不同程度的重心下移，管理效率有所提高。在教学管理方面，职能部门侧重于制度建设、目标设定、评估检查，院系自主实施开展教育教学活动，在教学计划、教学大纲的制订，命题与考试，教学质量管理，教改科研活动等方面自主管理。在人事管理方面，实行"两定一包"的管理办法，职能部门定工资任务和目标、定人员编制，各类人员经费划拨给院系总包干，院系在人才招聘、师资培训等方面具有较大自主权。在经费管理方面，在保证学校集中必要财力的前提下，按比例适当将部分财权下放给院系，预算经费实行包干使用。在学生管理方面，已经形成以院系为管理主体，职能部门建章立制、宏观指导、分解任务的二级管理格局，院系的能动性得到充分发挥。在招生就业管理方面，形成比较完善的二级管理模式，如任务目标设定明确，职能部门与院系职责划分清晰，设立了考核指标，考核结果与招生就业专项经费挂钩，有效地推动了院系的招生就业工作，使得学校显现"招生就业两头旺"的良好局面。②

---

① 胡延华等：《高职院校机制改革与创新研究》，湖北科学技术出版社 2006 年版，第 285 页。

② 潘杰宁：《治理视域下高职院校二级管理体制改革案例研究——以广西建设职业技术学院为例》，载《南宁职业技术学院学报》2017 年第 5 期，第 46-48 页。

(二) 建章立制,加强制度建设

2012年《普通高校党委领导下的校长负责制实施意见》《高等学校章程制定暂行办法》《学校教职工代表大会规定》、2014年《关于坚持和完善普通高等学校党委领导下的校长负责制的实施意见》《高等学校学术委员会规程》《普通高等学校理事会规程(试行)》等,凸显了政策在推动完善高等学校治理中的作用,为高等学校治理走向理性与自觉提供了法理性和制度性依据,积极推进高校的章程建设,推动了全国高职院校内部治理结构改革。为推进中国特色现代大学制度建设,健全高等学校内部治理结构,促进和规范高等学校理事会建设,增强高等学校与社会的联系与合作,教育部颁布实施了《普通高等学校理事会规程(试行)》,对普通高校理事会的含义、组成、职责、功能、机构设置及其运行进行了明确的规定。此外,中共中央办公厅于2014年印发了《关于坚持和完善普通高等学校党委领导下的校长负责制的实施意见》,明确了党委统一领导学校工作、校长主持学校行政工作,健全了党委与行政议事决策制度并完善了协调运行机制,为处理好高职院校内部治理各主体之间的关系提供了明确的依据。

(三) 实施管理水平提升计划,提高治理能力

2015年8月,为发挥管理工作在职业教育改革发展中的作用,实现职业院校管理的规范化、精细化和科学化,根据依法治教和治理能力现代化的新要求,教育部印发《职业院校管理水平提升行动计划(2015—2018年)》,提出用3年时间,在职业院校中广泛开展突出问题专项治理、管理制度标准建设、管理队伍能力建设、管理信息化水平提升、学校文化育人创新、质量保证体系完善等有机衔接、互为贯通的六大行动,以巩固职业院校以人为本的管理理念,完善现代学校制度,规范办学行为,增强办学活力,提高办学质量,基本建立起依法治校、自主办学、民主管理的运行机制和完善多元参与的职业院校质量评价与保障体系,提高职业院校的吸引力、竞争力和美誉度。此外,为增强高等职业教育的整体实力,提高人才培养质量,提升服务"中国制造2025"的能力,教育部印发《高等职业教育创新发展行动计划(2015—2018年)》,明确了高职教育创新发展的六个"转变",特别是在发展动力方面要实现由政府主导向院校自主的转变,坚持教学改革与提升院校治理能力相结合,推动专科高等职业院校依法制定章程,完善治理结构,提升治理能力。①

---

① 高明:《"国家治理体系"视域下的高职院校治理》,载《教育与职业》2016年第4期,第12-15页。

如湖北工业职业技术学院全面贯彻落实国家有关职业教育的决策部署，以深化职业教育模式改革为切入点，不断提升教育教学管理水平。

一是以职教集团为平台深化办学模式改革，不断完善治理体制。始终坚持内涵发展，以强化教育教学管理为重点，注重改善管理工作的薄弱环节。基于整合、优化已有的校企合作组织结构，学校与特大型国有企业——东风汽车集团有限公司牵头，成立了湖北汽车服务职教集团。治理体制机制的理顺，在一定程度上克服了校企合作"一头冷一头热"的顽症。力求突出特色，紧紧围绕汽车产业链，由300余家汽车企业以及相关政府部门、学校、行业组建教育教学、生产经营利益共同体；充分发挥企业主体作用，在招生就业、人才培养、企业培训、技术服务等诸多方面实现校企互融。

二是以课程建设为核心深化培养模式改革，不断强化职教规范。通过抓住课程，突出强化职教标准化建设和人才培养模式改革，不断提高管理水平。根据职业标准、行业标准和岗位规范，以更新课程内容、改革教学方法为重点，启动了新一轮课程建设；强调实践性教学必须依托课程载体，不断强化实训、实习标准和教学仪器设备规范；在课程开发与实施过程中，实施企业师傅与学校教师共长工程；打造精品"培训课程菜单"，优化培训课程模块体系，以有效改善高职院校继续教育职能偏弱的短板。

三是以服务学生为中心深化教学模式改革，不断优化教学管理。强调"以生为本"的教育教学理念，灵活实施各种教学模式，统筹推进管理育人、教学育人、文化育人。思政课部采取问题式教学方法，广泛开展活动育人和实践育人；公共课部探索情境式教学方法，注重学生综合能力的培养和提高；各专业教学系根据产业、专业的不同特点，灵活采取职业行动导向、项目式、案例式等教学方法，不断强化学生的职业技能和职业精神。

四是以校内评价为重点深化评价模式改革，不断创新运行机制。学校以评价工作为抓手，逐步建立起一套校内评价机制体系，使得评价工作"永远在路上"。一方面，校内教学评价工作涵盖专业评价、课程评价、教师评价、学生评价等，不同时期的评价工作各有侧重。另一方面，学校坚持实施校系两级管理，管理重心不断下移，以充分调动二级教学单位的积极性和能动性。①

---

① 《深化职业教育模式改革　提升高职院校治理能力》，见 https://glsp.cdtc.edu.cn/info/1096/1048.htm。

河南交通职业技术学院多措并举提升管理水平。[①] 学院深入贯彻落实《国务院关于加快发展现代职业教育的决定》，大力实施职业院校管理水平提升行动计划，坚持依法治校，进一步建立和完善现代职业学校制度，更新管理理念、完善制度标准、创新运行机制、改进方式方法、提升管理水平，管理工作规范化、科学化、精细化水平得到有效提升。

（1）完善治理结构。坚持社会主义办学方向，坚持党委的统一领导，坚持和完善党委领导下的校长负责制，系统推进学校改革、发展与建设。依法制定具有学校特色的大学章程，进一步加强学术委员会建设，设立教学工作委员会、安全工作委员会。三个委员会作为校内最高专业机构，统筹行使学术、教学、安全等事务的决策、审议、评定和咨询等职权，发挥三个委员会在学术评价、专业建设、教学管理和安全管理等事项上的重要作用。实施校系两级管理，推动管理重心下移，强化院系在开展教学、科学研究和社会服务等活动中的作用，激发师生的创新活力。加强内部控制建设，强化工作规则，强化办事规矩，强化流程控制，提升内部控制能力和水平。科学推进管理机构"三定"方案，优化岗位结构，明确岗位职责，提高管理和服务水平。

（2）健全制度建设。全面实施职业院校管理水平提升行动计划，以建设现代大学制度为引领，以学校章程为基础，新建、修订和完善涉及教学、学生、后勤、安全、科研和人事、财务、资产等方面的管理制度、标准190余项，将党群工作、行政管理、教学科研、学生工作、教辅与社会服务五方面的内容汇编成册并印发。同时，进一步建立健全相应的工作规程，形成了规范、科学的内部管理制度体系。坚持实施教育质量年度报告制度，逐步完善以教学诊断与改进为手段，搭建"五纵五横一平台"内部质量体系架构，形成了全要素网络化全覆盖的、具有较强预警功能和激励作用的内部质量保证体系，学校人才培养工作的自我诊断、反馈、改进机制初步形成，为基本实现学校治理能力现代化奠定了坚实基础。

（3）深入开展综合改革。坚持以人为本，树立目标导向，明确职称评审、绩效工资等改革的主要领域和关键环节，重点突破，以点带面，切实破解影响学校科学发展的瓶颈和难题。适应事业单位绩效工资改革要求，充分发挥绩效工资制度的导向和激励作用，科学制订绩效工资改革方案，逐步形成体现职业

---

① 《河南交通职业技术学院多措并举提升管理水平》，见 http://jyt.henan.gov.cn/2019/04-29/1639150.html。

院校办学和管理特点,与岗位聘任制相适应,与岗位职责、工作业绩、实际贡献紧密联系的绩效考核内部分配机制。深化职称制度改革,实施职称自主评聘,出台《河南交通职业技术学院专业技术职务自主评聘实施办法》,制定任职资格申报评审条件、任职资格量化考核计分细则、任职资格综合推荐量化考核计分细则、评审工作纪律,形成了"一个办法、四个配套制度"职称自主评审制度体系,确立了职称评聘看能力、看贡献的评价导向。

江西应用技术职业学院大力实施管理水平提升行动计划。[①] 一是全面落实学校章程。《江西应用技术职业学院章程》在江西高职院校章程中获得首批通过,章程建设走在了全省前列;严格落实党委会、校长办公会、教代会、学术委员会等制度在学校重大问题方面的决策作用;根据《江西应用技术职业学院章程》,学校成立了国土资源职业教育集团,发挥了行业企业在学校管理、专业建设中的重要作用。二是完善各类管理制度标准。学校以《江西应用技术职业学院章程》为基础,制定了《江西应用技术职业学院校长办公会议题管理办法》,修订了《骨干专业建设办法》《校级精品在线开放课程评选办法》《学生职业技能达标考核管理办法》《"职业岗位主导式"人才培养方案编制办法》《专业建设与人才培养规划》《江西应用技术职业学院国家助学金评选办法(修订稿)》等系列管理制度,建立健全相应的工作规范和流程,形成系统的内部管理制度体系。三是强化管理队伍建设。学校制订了"三定方案",对每个岗位的业务标准和综合技能要求做出了明确的规定,对学校校长、中层管理人员、基层管理人员的职称、学历、专业、年龄以及相关岗位工作年限提出了详细的要求,不符合基本条件、综合技能未达到相关要求的人员不得担任岗位负责人。学校还制订了干部培训方案,加强干部培训,不断提高管理人员的业务素质和业务能力。要求全校科级干部每年必须完成80学分、处级干部必须完成50学分的江西干部网络学院学习任务;按计划派遣处级干部到省委党校接受不少于一周的干部培训;定期举行党委中心组(扩大)会议,对干部进行政治和业务培训。学校完善激励机制,坚持以民主、公开、竞争、择优的原则选拔任用干部。四是提升管理信息化水平。学校制定了《数字校园建设规划》,引进中国建设银行、中国电信、中国移动等企业投入校园信息化建设。学校建成了涵盖整个校园的有线网、无线网、监控网,实现了互联互通和地面、空中的全覆盖。

---

① 《江西应用技术职业学院管理水平提升行动计划工作总结》,见 http://www.jxyy.edu.cn/zyyxgl/page.jsp?urltype=news.NewsContentUrl&wbtreeid=1030&wbnewsid=1224。

学校使用正方数字化校园平台，建设了统一身份认证平台、网络管理平台、数据中心交换平台、统一信息门户四个部分，基本能够满足前期的认证服务、信息服务的需求；建立了教学、办学、科研、服务等较为完善的应用系统，包括统一身份认证、大数据中心、校园门户网站、教务管理系统、学工管理系统、协同办公系统、一卡通系统、财务管理系统、精品课程平台等；现代信息技术中心加强了各部门信息管理人的业务培训，满足了日常信息化业务的需要。

（四）成立高等职业教育治理体系建设发展联盟

2020年11月18日，高等职业教育治理体系建设发展联盟成立。该联盟是在世界职业教育大会组委会的指导下，由北京财贸职业学院携浙江金融职业学院、陕西工业职业技术学院、青岛酒店管理职业技术学院、牛津城市学院等院校联合发起，150家国内外职业院校、企业、科研院所和专业协（学）会等自愿参加的多元化、跨区域、非营利性的教育学术联合体。联盟以"双高"建设为引领，以健全内部治理结构、健全质量自治体系、健全社会监督机制为核心，以提升学校治理水平为主攻方向，以满足经济社会发展对职业教育的需求为目标，学习国内外先进的学校管理体系，合理规划政、企、行、校相结合，打造教育链与产业链的融合平台，促进产业与职业教育相融合，激发办学活力，提升职教质量，带动联盟成员共同发展。高等职业教育治理体系建设发展联盟成立大会是国家双高计划（指中国特色高水平高职学校和专业建设计划）启动以来首次聚焦高等职业教育治理现代化的高规格、高标准的盛会，大会积极为高等职业院校搭建共同交流展示、互学互鉴的平台，推动高等职业教育治理的理论与实践迈上新台阶。

第三节 高职院校治理的逻辑主线

一、以国家的政策为主导

中国高职院校发展史是一部国家政策主导下的高职院校治理变迁史。中国高职院校治理有其鲜明的中国特色，高职院校内外部治理与中国特色的社会主义政治经济体制密切相关，国家政治、经济与社会的发展变化影响着中国高职院校的治理变革，而国家高等职业教育的政策变革直接影响着高职院校的治理变革。在高等职业院校改革发展的进程中，党和国家颁布了一系列重要政策、法规，为高等职业院校的改革与发展进行顶层设计和全面规划，这些政策法规成为高等职业院校改革与发展的纲领性指导文件，为高职院校的发展指明了方向，保障了高职院校治理的不断完善，为高职院校发展保驾护航，促使高职院校治理朝着现代化治理迈进。

如1985年5月27日，中共中央正式颁布《中共中央关于教育体制改革的决定》，全面启动教育改革，成为中国教育改革与发展的里程碑。1992年，以邓小平南方谈话和党的十四大为标志，中国的改革开放和现代化建设进入一个新的历史时期，社会主义市场经济体制的建立成为高等职业院校体制改革最主要的宏观背景。1992年2月13日，中共中央、国务院颁布的《中国教育改革和发展纲要》明确提出，要采取综合配套、分步推进的方针，加快步伐，改革"包得过多、统得过死"的体制，逐步建立起与社会主义市场经济体制和政治体制、科技体制改革相适应的教育新体制。1996年，《中华人民共和国职业教育法》开始实施，对高等职业教育一系列重大问题都做了法律的规定，使得高等职业教育依法治教有了法律的保障。1998年，全国人大常委会通过的《中华人民共和国高等教育法》，再一次明确了高等职业教育的法律地位。2002年《国务院关于大力推进职业教育改革与发展的决定》确立了"在国务院领导下，分级管理、地方为主、政府统筹、社会参与"的职业教育管理体制。2010年，中共中央、国务院颁布了《国家中长期教育改革和发展规划纲要（2010—2020年）》，对建设现代大学制度进行了顶层设计和全面部署。2015年，教育部专门制定《职业院校管理水平提升行动计划（2015—2018年）》，围绕治理、制度、质量等多个层面建构当代高等职业院校治理的结构范畴。2019年《国家职业教育改革实施方案》将政府角色定位由主导向统筹管理转变，经过5年至10年，职业教育基本完成由以政府举办为主向政府统筹管理、社会多元办学的格局转变。由此可见，职业院校的治理主要是依赖政府的政治制度，由外部政策驱动职业院校管理体制改革。

二、以追求办学的自主权为使命

职业院校治理发展的历程，就是一个逐步追求职业院校办学自主权的探索过程。改革开放40多年来，我国高职院校治理政策一直在围绕着中央与地方、政府与学校两个维度进行变革，促成教育管理的地方分权，实现的是增加高职院校办学的自主权限。高职院校经历了从最初的国家统一管理，到地方办学，再到拥有一定的办学自主权的转变。

在1978年国家改革开放政策的影响下，政府对高等院校的管理逐步从微观层面向宏观层面转变。1985年5月颁布的《中共中央关于教育体制改革的决定》提出加强宏观管理的同时，进一步简政放权，实行中央、省、中心城市三级办学的体制，标志着我国教育体制改革正式启动，明确了高等教育管理开始由中央向地方分权的走向。1992年8月印发的《关于国家教委直属高校深化改革，扩大办学自主权的若干意见》在专业设置与调整、招生计划、科研管理、经费使用、人事管理等16个方面给予了高等院校一定的自主权。1993年3月印发的《中国教育改革和发展纲要》进一步提出要改革政府"包得过多、统得过死"的体制，逐步形成以中央、省两级政府办学为主，社会各界参与办学的新格局。

20世纪90年代以后，国家对高等教育的控制从政策引导向法制化管理演进。1998年8月通过的《中华人民共和国高等教育法》是我国高等教育改革与发展的重要文献，是我国高等教育的首部法律，其规定高等学校应当面向社会，依法自主办学，实行民主管理，高校具有法人资格，拥有一定的办学自主权。从此，我国高校的办学自主权以法律的形式被固定下来，并逐步得到落实。

《国家中长期教育改革和发展规划纲要（2010—2020年）》明确提出了建设依法办学、自主管理、民主监督、社会参与的现代学校制度的目标，提出"完善中国特色现代大学制度"的具体措施：一是落实和扩大学校办学自主权，二是完善治理结构，三是加强章程建设，四是扩大社会合作，五是推进专业评价。

党的十八大以来，以习近平同志为核心的党中央高度重视治理能力和治理体系建设，出台了一系列重要文件，采取了一系列重大措施，实现了政府以微观管理、直接管理为主转向以宏观管理、监督管理为主。党和国家高度重视教育工作，全面深化教育领域综合改革，大力推动高等教育领域"放管服"改革，不断减少对高校进行行政审批的项目，切实落实高校的办学自主权。2014年7月下发的《关于进一步落实和扩大高校办学自主权完善内部治理结构的意见》提出从招生制度、学科专业、教育教学活动、选聘教职工、科学研究、使用学校财产经费、扩大国际交流合作七个方面进一步落实和扩大高校办学自主权。2017年10月中共中央办公厅、国务院办公厅颁布的《关于深化教育体制机制改革的意见》明确提出"把该放的权力坚决放下去，把该管的事项切实管住管好，构建政府、学校、社会之间的新型关系"，为扩大高等院校办学自主权提供了重要保障和政策依据。在"放管服"的政策下，面对经费、人事、教学、科研等权力的下放，各高职院校积极探索内部治理模式的改革。制定内部管理制度，调整管理机制，把学校的权力、资源向下沉、向下放，在权力和资源配置等方面赋予二级院系更大的自主权。

三、以重塑治理的主体关系为路线

在计划经济背景下，职业教育实行的是高度集中、统一的办学体制，随着经济体制的改革，企业行业成为职业教育的重要主体，再随着市场经济的发展，行业企业学校的办学行为受到冲击，企业参与职业教育的积极性受到影响，但企业联合办学、社会力量参与职业教育的趋势没有发生明显变化。社会环境具有复杂性，社会结构的重构导致了高职院校治理主体的分化，举办者已由过去的政府一统天下转变为政府、企事业组织、社会团体和公民个人的多元参与。在这种背景下，高职院校治理逻辑开始发生转换，开始由政府管制逐步向社会管理过渡。①

20世纪80年代，国家倡导各行各业举办职业学校，通过多渠道、多规格、多模式来发展高职教育，提出"三改一补"的方针，积极探索新管理模式和运行机制发展高职教育，形成职业大学、职业技术学院、民办高校、高等专科学校、本科院校内设的二级学院、国家重点中等专业学校、成人高校等"多车道"一起办高职教育的局面。

20世纪90年代末，国有企业改革，实施政企分开，中央业务部门、行业难以维持部门办学体制，行业企业举办的职业院校改由政府出资、统一划归教育行政部门主管。高职院校大多脱胎于中职学校，有着深厚的行业办学背景，尽管教育体制改革剥离了行业企业的办学权限，但高职院校有着与企业合作的强烈需求和愿望，行业企业仍与高职院校有着深厚的感情。2014年《国务院关于加快发展现代职业教育的决定》提出"企业成为重要的办学主体"，对企业的社会作用进行重新定位，确立了企业作为职业教育重要办学主体的地位。企业的角色定位由办学参与者一跃成为真正的主人。职业教育是现代企业的衍生物，将企业作为重要办学主体的实质是企业社会价值和使命的历史性回归。

---

① 周光礼：《中国院校研究案例（第三辑）》，华中科技大学出版社2011年版，第2页。

高职教育办学方向将由封闭走向开放,由单一办学主体向多元投资办学转型,将混合所有制经济体制改革引入高职教育,鼓励探索股份制、混合所有制高职院校,形成政府、学校、社会共同参与的高职教育多元治理格局。高职教育多元办学主体制度变迁,历经20世纪90年代"一刀切"的激进式变迁模式,形成了单一的办学主体格局;21世纪通过企业办学主体地位回归的渐进式变迁模式,逐步形成了政府、学校、企业、社会多元的办学格局。[①]

---

① 赵惠莉、顾栋梁:《高等职业教育由管理向治理变迁的发展历程与内在逻辑》,载《职教论坛》2021年第2期,第80-85页。

第三章　我国高职院校的治理结构

有效的治理是通过合理的治理结构来实现的，治理的结构影响了治理能力的高低，制约着治理的效率，是治理功能实现的关键。可以说，有什么样的治理结构，就能实现什么样的治理功能。高职院校作为一种理性的学术性组织，要开展高效率的决策来实现组织的目标，必须建立完善的治理结构，有效分配利益主体的权责，平衡利益主体间的关系。高职院校治理结构是有效治理的基础和前提，是现代职业教育治理体制的核心内容，只有建立合理的治理结构，找准各利益主体的定位，才能发挥各主体的治理效能，提升治理的能力，实现现代化的高职院校治理。治理结构是否合理是职业院校办学效益高低的重要因素之一。良好的高职院校治理结构可以促进高职院校的内部控制，从而合理配置有限资源，使资源得到最大化的有效利用，降低治理的成本，提高高职院校的市场竞争力，实现高职院校的高质量高水平发展。

第一节　高职院校治理结构的内涵

一、治理结构的概述

结构是事物的组成要素和要素之间的关系，是事物存在的表现形式。"结构"一词最早出现于拉丁语中的"structure"，此后，关于"结构"一词的相关概念及理论得到了应用和发展。在《现代汉语词典》里，"结构"被定义为组成整体的各个部分的搭配和排列。

早在政治科学作为一门独特的社会科学学科出现之前，哲学家、历史学家和政治家就研究了正式的治理规则与政治权力分配之间的相互作用。"治理结构"的概念最早是由新制度经济学的主要代表人物威廉姆森于1975年提出来的，是治理理论的一个基本概念。他将治理结构定义为"一种交易的完整性在其中得到确定的制度矩阵"，"治理结构可以有益地被视为制度框架，一次交易或一组相关交易的完整性就是在这个框架中被决定的"①。这一概念最先被应用在企业管理、经济制度分析中，是指企业内的制度安排、企业中的权力制衡机制和企业的决策机制。即为适应现代企业所有权和控制权分离而做出的一种制度设计，以便平衡企业中投资者、管理者和职工三方之间的利益关系；如何赋予各利益主体相应的权力，并保障各种权力相互制约、相互监督的制度；如何调整生产方向、分配资本的剩余等。关于治理结构的研究最早出现在经济学领域，用于公司治理的研究。治理结构是治理理论的基本概念，其含义最初为企业的权力监督与制衡机制。我们认为，治理结构是指组织内各种管理机构决策、计划、领导、执行等机构的存在形式及相互作用关系，包含了组织的所有者、投资者、员工、服务对象之间的利益关系、权力制衡关系。治理和治理结构概念提出后，被各个学科广泛使用，从而也就被赋予了不同的意义。②

二、大学治理结构

（一）大学治理结构的概念

随着教育的发展及相关学术研究的进步，大量源自企业研究领域的理论、研究方法和概念被引入教育领域的研究。无论是公司治理研究领域还是大学治理研究领域，至今学术界关于"治理结构"一词定义的探讨从未停止。近年来，大学治理结构作为我国现代大学制度建设的重要部分受到了广泛关注和讨论，关于什么是"大学治理结构"，不同学者分别从不同视角对大学治理结构进行了定义。我国经济学家张维迎认为："大学与企业不同，属于非营利机构，没有所有者；大学的社会价值也难以量化为货币形式的指标。但大学同样需要整套制度安排来实现其各种目标。这些制度安排就是治理结构。"学者赵成和陈通认为，大学治理结构是利益相关者之间的关系框架。熊庆年等人指出，"大学治理结构不是一个抽象的理论存在，而是时代和环境的产物，是一定条件下的客观实在"。程北南认为，大学治理结构是："人类社会为了保证大学这类知识

---

① [美]威廉森：《治理机制》，王健等译，中国社会科学出版社2001年版，第13、479页。

② 姜继为、韩强：《高校治理结构研究》，四川教育出版社2009年版，第4页。

产品生产组织当中活动的各类人群能够得到有效的约束和激励而设置的一整套制度安排,这套制度安排旨在促进有效合作,增进社会整体福利,其存在和表现形式为大学组织构架及其权力规则,各种其他社会组织同大学之间的相互关系及其中包含的权力规则。"彭宇文认为:"高校法人治理结构就是在高校投资者所有权和高校法人财产权、经营者经营权分离的基础上,形成所有权、决策权、经营权等权力的相互制衡约束,构建以权力制约权力的合理权力架构。"覃壮才认为:"高等学校法人治理结构可以分为内部治理结构和外部治理结构两部分,其中内部治理结构是法人治理结构的核心。"

总之,大学治理结构是指大学为实现其公共价值目标,内外部利益相关者共同参与学校治理过程中的制度安排、权力制衡机制、决策机制及关系框架的综合系统。大学治理结构在形式上体现为一种对大学进行管理和控制的体系,实质是大学决策权力的制度安排问题,既表现为大学内部权力的分配、协调与行使的制度,也表现为大学与政府和社会等外部环境相互作用的规则。

(二) 大学治理结构的缘起

大学治理结构是大学制度的核心。构建一个适应社会发展要求、符合大学发展实际的高校治理结构,是现代大学制度建设的根本任务。高校治理结构这一概念的提出及其发展主要是由以下因素相互作用影响的结果。

大学治理结构是作为与现代企业治理结构相关的一个概念而被提出并丰富和发展的。在20世纪90年代初,随着改革开放政策的深入实施,我国开始了新一轮思想解放运动,掀起了国有企业改革改制的热潮,其改革的方向是建立以股份制为代表的"产权明晰、权责明确、政企分开、管理科学"的现代企业制度。对国有企业进行股份制改造,在国有企业里引入多元化投资主体,把国有企业变成混合所有制企业,改革也取得了较好的效果。随着企业改革的成功推进,如何把改革的成功经验进行推广,尤其是对大学在改革中如何加以借鉴就成为教育者们关注的问题。在此基础上,提出建立以改革完善高校治理结构为核心的现代大学制度也成为高等教育领域体制改革的重点。

大学治理结构也是随着对建设高水平大学的探索而提出的。1995年教育部启动"211项目",即面向21世纪、重点建设100所左右的高等学校和一批重点学科的建设工程。1999年教育部启动"985项目",重点支持部分高等学校创建世界一流大学和高水平大学。随后,教育部将"211工程"和"985工程"等重点建设项目统筹为"双一流"建设项目。这就使得高校在建设世界一流大学的过程中需要开放办学,需要面向国际,关注国外发达国家著名大学的办学经验和教训。高校在对建设一流大学标准和现代大学制度的探索中,逐步确立改革完善高校治理结构的基本方向。

大学治理结构是随着高等学校体制改革而提出的。中共中央于1985年5月27日颁发的《中共中央关于教育体制改革的决定》揭开了以扩大高校办学自主权为核心的高校体制改革的序幕。随着改革的不断深化,人们逐渐发现大学制度问题已经成为制约我国高等教育改革与发展的根本性问题,其核心就是大学办学自主权如何界定的问题。这是讨论现代大学治理结构的最直接的背景。此外,从1999年开始陆续出现的扩招,大学群体的增加,大学功能的扩大,也引起了人们对高校治理结构的重视和讨论。[①]

(三) 大学治理结构的特征

高校治理结构不是一个抽象的理论存在,而是时代发展和环境变迁的产物,是一定历史条件下的客观存在。大学作为学术性组织,其治理结构与一般社会组织的治理结构相比具有自身的独特性。

一是大学倡导学术自由,通过大学自治捍卫学术自由。学术自治保障了大学独立处理内部事务的自主空间。甘永涛认为,"大学治理结构的规范化和科学化要求将大学治理建立在协调、谈判、民主、效率、交互作用的基础上,而不是在政府强制的基础上,大学治理结构要形成政府、社会、大学各自独立、相互制衡、权责明确、运转协调的关系框架"。

二是大学治理结构存在大学组织的学术性与科层性的矛盾和统一。理想的大学治理是大学在政府有限理性影响下的学术治理。学术性是大学的本质属性,是大学组织产生、发展和变化的内在依据。大学又是事业单位,其管理人员存在行政级别。因此,科层性是大学在追求效率的过程中所形成的运行规矩,保障着大学内部的统一。学术性和科层性在运作机制、权力分配和价值取向上的差异和矛盾形成了大学治理结构的特殊维度。[②]

三是中国大学必须坚持中国共产党的领导,全面贯彻党的教育方针,坚持社会主义办学方向,这是办具有中国特色社会主义大学的根本特征,也是教育

---

① 姜继为、韩强:《高校治理结构研究》,四川教育出版社2009年版,第2页。
② 张端鸿:《中国公立大学法人治理结构研究——以A大学为例》,复旦大学出版社2014年版,第7页。

强国的根本保障。在大学的治理结构中，党组织起着领导的作用，这也是中国大学组织区别于其他组织的一个重要特征。

好的大学内部治理结构，是瞄准世界一流，坚持中国特色，具备适合实际的体制机制，能够广泛有效地对接社会，在服务国家战略中谋划大学发展，具有历史方位感，审时度势，与时俱进，具有高效有力的组织载体，确保党的领导更加坚强有力，确保教师学生广泛参与，确保学术自由，确保资源高效配置；还需要文化的滋养和支撑，以价值追求和高远志向引领大学发展。[①]

三、高职院校治理结构

（一）高职院校治理结构的含义

高等职业教育作为高等教育的一个重要组成部分，与普通高等教育有着同样的为国家发展建设培养高素质高水平人才的作用。同时，高等职业教育还有着与普通高等教育不同的属性，即高等职业教育的职业性，这也是高等职业教育的特殊性所在。因此，相比于普通高等学校而言，高等职业院校在院校内部治理结构中，也有着它的特殊性。高职院校治理更强调高职教育各方利益相关主体之间的权责划分，并注重在权力运行过程中所形成的相互影响、相互监督与制约的关系。

学者们从不同的视角对高职院校治理结构的内涵进行了界定。周衍安认为，高职院校治理结构包含内部治理结构和外部治理结构两个方面，外部治理结构是高职院校举办者对其办学者的日常管理活动和办学绩效进行监督与控制的一系列制度体系，内部治理结构是内部不同利益群体、高职院校与社会之间的影响力配置。查吉德认为，高职院校治理结构是"处理冲突与多元利益"的平衡装置，是多元利益主体的权力分配、制约和利益实现的组织载体、机制、制度保障的集合，包括组织机构、组织机制、制度体系。其中，组织机构是高职院校治理的载体，组织机构的设置直接影响高职院校功能的发挥、教育教学活动的实行；组织机制是组织运行的过程及机理，影响组织的效率；制度体系是组织机构、机制运行的保障，影响机构、机制的有效运行，体现了高职院校治理

---

① 管培俊：《大学内部治理结构：理念与方法》，载《探索与争鸣》2018年第6期，第28-31页。

的规范化、标准化、法治化水平。① 李政、徐国庆认为，职业教育治理结构是政府、行业、企业、院校等主体围绕职业教育办学所形成的一种权力结构。在决策过程中，不同主体围绕职业教育的基本功能所主张的公共利益与个体利益之间形成了动态的博弈，并最终由冲突走向暂时的稳定，从而在妥协与双方利益最大化的前提下满足职业教育发展的需要。② 胡玲丽、张继恒认为，高职院校治理结构是指协调高职院校这个组织中各种利益关系的一系列制度安排，它通过权力的配置和运作机制来达到关系的平衡，以保障组织的有效运行并实现其根本目的。③ 陈根寿、刘涛认为，高职院校治理结构是实现高职院校有效治理的一套完善的组织架构和权力运行准则，不仅包含保障高职院校办学和管理活动的正式制度，也包含高职院校内部治理的组织文化。赵晓妮认为，高职院校治理结构是现代高职院校制度在治理层面所形成的制度化结构，并且通过高职院校各方利益相关者之间的权力分配和制度安排来达到权力主体之间的分权制衡，根据运行机制和治理对象的不同，将高职院校治理结构划分为内部治理结构和外部治理结构。外部治理结构体现的是高职院校与政府主体之间的权责分配与制度安排，内部治理结构体现的是高职院校内部各利益主体之间在权责分配上的正式和非正式关系的制度安排。④ 由此可见，当前学术界对高职院校治理结构的界定未能形成统一的认识，但学者们认同高职院校治理结构具有的共性特征，即强调高职院校内部权力在不同主体之间的分配与调解。

综上所述，高职院校治理结构可以分为内部治理结构与外部治理结构两个部分。内部治理结构是指高职院校师生职责和权力的配置。具体而言就是指合理划分学校内部学术、行政、监督之间的权力和责任边界。外部治理结构是指高职院校与政府、社会、市场等外部因素之间的利益关系，具体指与政府组织、行业企业、学生家长、校友等的权责分配。

---

① 查吉德：《高职院校治理结构要义》，载《河北师范大学学报（教育科学版）》2019年第1期，第49-55页。

② 李政、徐国庆：《我国职业教育治理结构转型：内涵、困境与突破》，载《西南大学学报（社会科学版）》2020年第7期，第78-85页。

③ 胡玲丽、张继恒：《高职院校治理结构研究——以构建学生主导下的治理结构为视角》，载《职教论坛》2012年第19期，第19-21、33页。

④ 赵晓妮：《高职院校内部治理结构的内涵、实践迷思及变革趋向》，载《教育与职业》2016年第6期，第12-16页。

（二）优化高职院校治理结构的意义

高职院校治理结构是承载高等职业教育治理的表现形式，建立组织架构合理、权力运行科学、权责利益平衡的治理结构是现代化高职教育治理的基础。党和国家一直以来都高度重视高校治理结构完善问题。2014年10月15日，中共中央办公厅印发的《关于坚持和完善普通高等学校党委领导下的校长负责制的实施意见》就明确党委统一领导学校工作，校长主持学校行政工作，并要求健全党委与行政议事决策制度，完善协调运行机制。在完善协调运行机制方面，包括健全以学术委员会为核心的学术管理体系与组织架构，发挥教职工代表大会及群众组织作用。同年，教育部颁布实施的《高等学校学术委员会规程》和《普通高等学校理事会规程（试行）》，以及2011年教育部颁布的《学校教职工代表大会规定》和2017年共青团中央办公厅和中华全国学生联合会秘书处印发的《高校学生代表大会工作规则》，标志着我国高校内部治理结构已基本完成制度设计，高校协调运行机制得到进一步完善。

《国家中长期教育改革和发展规划纲要（2010—2020年）》提出要深化管理体制改革、完善学校治理结构。党的十八届三中全会进一步提出了深化教育领域综合改革、推进学校治理体系和治理能力现代化建设的任务要求。教育领域的综合改革，是我国全面深化改革的重要领域之一，完善学校治理结构是深化教育综合改革的重要举措。职业院校治理结构是学校权力关系运行的基础，是权利分配和利益诉求的重要考量，对于落实学校办学主体地位，激发学校办学活力，加强内涵建设，提升教育质量，推进教育治理体系和治理能力现代化具有重要意义。

1. 扩大职业院校办学自主权的客观要求

完善学校治理结构是《国家中长期教育改革和发展规划纲要（2010—2020年）》做出的重要部署，是我国职业教育综合改革的重要内容，也是职业院校改革发展的重要任务，是建设现代学校制度的核心内容。教育改革开放从扩大办学自主权，到建立法人制度，再到现代学校制度建设，直至目前的推进治理能力现代化，不仅激发了发展的活力，更重要的是构筑起了保障活力的体制环境和治理结构，实现了持续和科学发展。治理结构的完善是职业院校办学自主权落实与扩大的关键，也是推动学校生存与发展的重要力量。完善学校治理结构与扩大办学自主权是共存的，办学自主权须由规范的治理结构来保障和约束，要通过依法治校、按章管理使每一所学校都能有效行使自己的办学自主权和承担相应的责任。只有当学校既有自我发展的自主权，又有适当的自我约束机制，并能适应和推动社会的发展时，学校的科学发展才能真正实现，学校的办学活力才能被激发，从而真正实现办学自主权。

2. 推动高职院校内涵式发展的前提

我国职业教育的发展正面临着重要的战略转折阶段，从注重数量扩张到注重质量内涵发展的新时期，职业教育体制改革势在必行。完善治理结构是职业教育改革发展的必然选择，也是适应面向社会办学的客观需要。从有利于治理的角度来审视职业院校管理体制，已经成为职业教育改革的攻坚重点。党的十八大报告强调，要推动高等教育内涵式发展。国家近年来先后出台了一系列深化高校管理体制改革的政策和措施，其核心任务是全面提高高等教育质量，实现的保障是建立现代大学制度。完善高职院校治理结构是制定高职院校章程、建立现代治理制度以及高等教育管理体制改革首先要解决的核心和关键问题。只有加快完善高职院校治理结构，形成多种机制良性配套、有效运行的格局，才能筑牢高职院校现代化治理制度的根基，推动高职院校高质量高水平发展。

3. 推动高职院校改革创新的重要举措

随着市场经济的发展以及教育体制改革的深化，高职院校作为独立法人，面向社会和市场自主办学程度逐步深化，形成不同利益主体并存、各利益主体相互博弈的利益格局。再加上高职院校办学经费的来源日益多元化，教育事业收入及各种捐赠、贷款等预算外的资金在高职院校教育经费结构中的比重不断提高，政府、教职工、学生、家长、校友、企业、社会公众具有参与高职院校重要事务决策的动力和需求。为应对多元利益主体的关注和参与，必须加快调整和优化高职院校治理结构。通过职业院校治理结构的优化调整，来审查职业院校管理体制机制，应对多元利益主体的关注和参与，明确多元主体的各自职责和权力，形成决策权、执行权、评价权与监督权既相互制约又相互协调的治理结构，实现管理的规范化、程序化和有效协调，使职业院校运转通畅高效。

4. 推进高职院校治理能力现代化的关键因素

现代化高职院校治理，需要转变政府管理职能和方式，实行政校分开，落实和扩大高校办学自主权。但是长期以来，我国高等教育管理难以摆脱"一放就乱，一收就死"的恶性循环，大学治理结构不完善是重要原因。科学构建高职院校治理结构可以确保高校实现自我约束和发展，依法自主办学。党的十八届三中全会提出全面深化改革的总目标是"完善和发展中国特色社会主义制度，推进国家治理体系和治理能力现代化"。职业教育治理体系是国家治理体系的一个重要组成部分，完善职业院校治理结构是推进职业院校治理能力现代化的重要体现。职业院校是一个相当复杂的组织，同时又是一个高度分权的组织。当前，我国教育改革已经进入"深水区"，职业院校办学规模不断扩大，职能不断拓展，其组织机构愈加庞大和复杂化，管理的难度加大，加强治理十分必要。完善职业院校治理结构，建立现代职业学校制度，成为职业院校治理的现实诉求，可以有效推进职业院校治理科学化和规范化。

5. 激发高职院校办学活力的客观要求

受历史、文化及政治体制的影响，我国高职院校治理模式依然没有明显改变，导致长期制约学术创新活力的体制性障碍无法得到根本突破。学校的行政化色彩浓厚，学术权力不彰，决策科学化、民主化程度低，监督机制缺乏，成为高职院校向现代大学制度转型发展的瓶颈和障碍，影响到高职院校的办学活力和教师的积极性，对高职院校的科学发展产生了严重的制约，因此迫切要求完善高职院校治理结构，改革和创新管理体制机制以促进科学管理，激发高职院校办学活力。[①]

第二节 高职院校内部治理结构

治理结构主要表现为结构中的行动主体，以及主体之间的作用规则，治理主体之间的关系，主要是职责权限的关联关系，核心是权力关系。梳理清楚治理主体及主体权力相互之间的关联关系，就能把握治理结构。

---

① 余立：《我国高校内部治理结构的探讨》，载《北京教育》2017年第3期，第7页。

一、内部治理的主体

(一) 党政领导者

"领导"一词是相对于管理而出现的,领导是一种能够影响一个群体确立目标的能力。高职院校的领导者主要包括学校党委书记、副书记,学校校长、副校长等校级层面的领导,以及由各职能部门负责人组成的中层领导群体。学校党政领导受上级党委、政府委托管理高职院校,通过制定政策、调整结构、配置资源、推行决策等活动,对外要为国家、社会负责,对内要为师生员工负责。因此,在高职院校治理中,党政领导是非常重要的利益相关者。

1. 党委书记

《中华人民共和国高等教育法》中明确规定,高等院校实行党委领导下的校长负责制。党委"按照中国共产党章程和有关规定,统一领导学校工作,支持校长独立负责地行使职权。其领导职责主要是:执行中国共产党的路线、方针、政策,坚持社会主义办学方向,领导学校的思想政治工作和德育工作,讨论决定学校内部组织结构的设置和内部组织机构负责人的人选,讨论决定学校改革、发展和基本管理制度等重大事项,保证以培养人才为中心的各项任务的完成"。我国以法律的形式界定了高等学校中党委的领导职责,表明我国高等院校设立党委书记具有重要的意义。

(1) 设定党委书记是有效执行党的教育方针所需。我国高职院校要培养社会主义事业的建设者和接班人,不仅要求受教育者有一定的专业技能,有在社会某个行业立足的理论知识,更需要在人格塑造上下功夫,要求把每个受教育者培养成人格健全、政治素质高的社会主义建设者和接班人,培养成德智体美劳全面发展的人才。高职院校是知识集聚地,也是各种人格个体、各种思想激荡碰撞的场所。没有坚定的对中国未来发展充满希望的信念,没有马克思主义的指导,没有以马克思主义基本理论充实头脑,没有对中华民族良好传统予以传承的勇气,就谈不上成为接班人。培养建设者与塑造接班人的战略任务,不是日常管理严格、到位就能奏效的,必须有一整套人马,有强大的党组织来进行保障。

(2) 设定党委书记是中国国情和未来发展所需。中国经济发展越快,人民生活水平越高,对大学的期望值就越高,党管人才的责任也就越重。当然,党管人才，主要是管宏观、管政策、管协调、管服务，目的是更好地统筹人才发展和经济社会发展，更好地统筹人才工作和其他各项工作，更好地统筹人才工作的各个方面，把人才管好用活，为人才成长和充分发挥作用提供更有力的支持和更优良的服务。

2. 校长

《中华人民共和国高等教育法》第41条明确规定："高等学校的校长全面负责本学校的教学、科学研究和其他行政管理工作。"还具体规定了校长的职权：一是拟订发展规划，制定具体规章制度和年度工作计划并组织实施；二是组织教学活动、科学研究和思想品德教育；三是拟订内部组织机构的设置方案，推荐副校长人选，任免内部组织机构的负责人；四是聘任与解聘教师以及内部其他工作人员，对学生进行学籍管理并实施奖励或者处分；五是拟订和执行年度经费预算方案，保护和管理校产，维护学校的合法权益；六是章程规定的其他职权。高等学校的校长主持校长办公会议或者校务会议，处理前款规定的有关事项。校长由上级党委或教育行政主管部门任命，在党委领导下全面负责学校各项行政工作。因此，校长首先应该考虑的是自己是政府的行政官员，然后才是学校的管理者和学者。

利益相关者中的党委书记和校长的作用举足轻重，是党委权力和行政权力的代表。党委书记和校长相辅相成、相互作用，共同构成高职院校治理结构中的顶层。研究高职院校治理结构，党委书记和校长的作用尤为重要。深度探索、完善党政领导体制，才有可能在中国高职院校治理的理论与实践方面实现真正意义上的突破。①

3. 中层管理者

中层管理者指高职院校各职能部门的负责人，二级学院（系）的正、副院长（系主任），正、副党总支书记等。学校中层管理者由学校党委任命，是贯彻执行校级领导者意图的管理层级。他们是各类规划、计划制订的参与者，具体工作的组织者和领导者。高职院校的中层干部是学校发展建设和改革的中坚力量，在学校发展建设中发挥着承上启下的重要作用，他们能力和水平的高低，

---

① 韩春虎：《大学治理：一种科学发展视域下的制度安排》，辽宁大学出版社2009年版，第57页。

直接影响着学校发展建设和改革的大局,强化高职院校中层干部队伍的能力培养,对促进学校各项事业的科学发展有着重要的现实意义。

(1) 中层干部是高职院校各部门、各系部的领导干部,兼有承上启下的双重身份,是学校领导和师生之间的桥梁。中层意味着连接上层与下层,传递和反馈信息与情报,需要很强的协调沟通能力,需要宏观管理与微观管理相结合。高职院校的中层干部既要在学校领导的带领下开展工作,又要指导本部门员工开展工作,是完成学校各项工作任务的基层指挥员,具有骨干作用,同时又是学校具体工作的带头人,具有模范表率作用。中层干部不仅要做到上情下达,更要研究分析所管部门的工作和教职工队伍的各种情况,及时反馈信息,并提出合理的对策建议,供领导决策参考,为领导排忧解难、出谋划策,当好领导的参谋和助手。

(2) 中层干部是高职院校战略决策的具体执行者。中层干部是学校决策的贯彻者和执行者,学校领导班子层面所做出的任何决策,都需要通过中层干部去贯彻和具体落实。学校决策能否达到预期目的,取得预期效果,关键在于中层干部的具体执行和实施。

(3) 中层干部是高职院校建设的中坚力量。经过精心、严格选拔产生的中层干部队伍,整体上综合素质比较高,能力水平比较强,是学校的业务骨干、中坚力量,代表着学校的整体素质和对外形象,是学校发展的中流砥柱。①

(二) 教师

教师是指在高职院校中从事教学、科研、社会服务及相关工作的专业人员。高职院校在本质上是一个学术共同体,教师是学校办学的主体。学校的主要职能有教学、科研和社会服务:教学、科研的实现要靠教师;社会服务主要通过教学、科研的成果为社会提供服务,主要也是靠教师。没有教师,学校就不能存在,也不能实现其社会功能。教师职业是学术职业,教师既以学术为业,又以学术为生。教师的需求和利益主要表现为物质利益和学术利益。

教师是高职院校治理的重要主体。一方面,高职院校各项事务都与教师有着或直接或间接的利益关系。作为利益相关者,教师会影响学校组织目标的实现,反过来也会受到学校目标实现过程的影响。具体说来,教师是否具有主人

---

① 岳文喜、邓勇、张健:《高职院校中层干部队伍建设的问题与改进》,载《教育与职业》2014年第35期,第38-39页。

翁意识，是否有归属感，是否愿意积极参与学校事务，是否为学校考虑、积极与他人互动、为学校发展贡献智慧，会直接影响学校的可持续发展，影响教育教学等方面组织目标的实现。而教师作为高职院校的一分子，学校教育教学质量、社会声誉、社会地位等方面的好坏对教师自身利益的影响也是巨大的。如果一所高职院校教师之间和谐融洽、教育教学质量好、社会声誉高，则学校的招生生源好、就业率高，同时也有助于教师个人的物质利益和学术利益的获得。高职院校在治理中只有获得教师的理解，政策制度才能顺利执行，也只有通过教师参与，汇聚教师智慧，治理才能创新。① 教师是学校内部最重要的主体，竺可桢先生在浙江大学就任校长时的就职演说中开宗明义地称道："教授是大学的灵魂，大学的一切活动声誉取决于教授。"同时，高职院校中的行政管理人员、教辅和服务人员都是学校组织这一有机体不可缺少的要素，他们在维持学校发展方面起着重要的作用，也是在高职院校治理中需要依靠的重要力量。

（三）学生

随着我国社会市场经济的确立和我国高等教育大众化进程的推进，学生支付学费就读高职院校已经成为一种普遍形式。基于投资者和消费者的身份，学生与高校之间也由过去的行政法律单一关系演变为行政法律关系和民事法律关系并存。加之高职院校在校生基本上都是年满18周岁以上的公民，因此，从身份与权利一致对应的视角分析，我国高职院校在校生的身份应该是受教育者、教育消费者和公民，那么与其身份相对应，他们在享有受教育者的特定权利之外，还享有一定的民事权利和公民的基本权利。

据《中华人民共和国高等教育法》第9条"公民依法享有接受高等教育的权利"之规定，可以明确大学生基于受教育者的身份，必然享有教育平等权、参加权、选择权和公正评价权。《中华人民共和国高等教育法》第54条明确规定，高等学校的学生应当按照国家规定缴纳学费。"从经济学角度看，教育是一种劳务，它既是消费的教育又是投资的教育。"以经济学的角度分析，学生与学校事实上形成了买方和卖方的经济关系，学生如同市场中的消费者。基于公民的基本权利，高职院校生在校接受高等教育的特定时期，其身份不仅是受教育者，而且是正在接受教育的公民。高职院校时期的学生，基本上已是拥有完全民事行为能力的公民，因此，在享有受教育者法定权利的同时，也享有作为公

---

① 魏叶美：《教师参与学校治理研究》，华东师范大学2019年硕士学位论文。

民应享有的一般法定权利。高校领域内的公民的基本权利,就是学生的人身权和财产权以及知识产权。另外,申诉救济权是学生自身权益受损时的一项重要的保障性权利。

学生是高职院校组织存在和发展的基础,高职院校教育的本质要求和根本使命是人才的培养,是学生的发展;高职院校的组织行为,如果没有学生的参与,高职院校的基本功能就会褪色,高职院校也就失去了存在的价值和意义。在我国现代高职院校制度的构建过程中,在高职院校治理体系和治理能力还有待进一步提高的背景下,对学生参与高职院校内部治理进行研究,具有更重要的理论和现实意义。学生参与高职院校内部治理符合当下我国高校管理的改革现实。

二、内部治理的权力与规则

2014年10月15日,中共中央办公厅印发的《关于坚持和完善普通高等学校党委领导下的校长负责制的实施意见》明确了高校内部存在政治权力、行政权力、学术权力、民主管理和监督权力四大权力,这四大权力是学校内部的主要权力,也是学校内部治理结构的基本要素。(见图3-1)

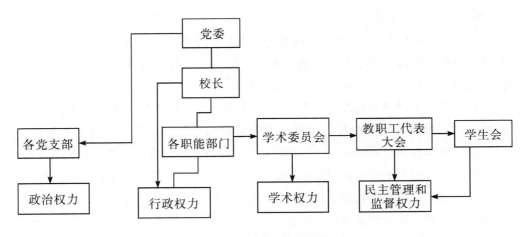

图3-1 高职院校内部权力结构

(一)政治权力

高校内部治理的政治权力是党组织系统。《中华人民共和国高等教育法》第39条规定:"中国共产党高等学校基层委员会按照共产党章程和有关规定,统一领导学校工作，支持校长独立负责地行使职权。"学校党组织系统包括学校党员代表大会、全委会、常委会，下设党委职能部门和院（系、所）基层组织。党委是高校的领导核心、政治核心，党委的领导主要是政治领导、思想领导和组织领导，坚持政治原则，把握政治方向，对学校重大问题行使"讨论决定权"。

中国共产党高等学校基层委员会是公立高职院校的领导机构，《中华人民共和国高等教育法》第39条规定"中国共产党高等学校基层委员会按照中国共产党章程和有关规定，统一领导学校工作，支持校长独立负责地行使职权"，即"国家举办的高等学校实行中国共产党高等学校基层委员会领导下的校长负责制"。《中华人民共和国高等教育法》还具体规定了党委会的领导职责主要是"执行中国共产党的路线、方针、政策，坚持社会主义办学方向，领导学校的思想政治工作和德育工作，讨论决定学校内部组织机构的设置和内部组织机构负责人的人选，讨论决定学校的改革、发展和基本管理制度重大事项，保证以培养人才为中心的各项任务的完成"。

院系党总支是高职院校的基本党组织，主要通过院系党政联席会议发挥参与决策和监督的权力，既要对校党委会负责，又要直接面对师生。是学校党委决策的贯彻者，也是具体抓落实的组织者和操作者，是二级院系政治领导核心。

（二）行政权力

《中华人民共和国高等教育法》第30条规定："高等学校自批准之日起取得法人资格。高等学校的校长为高等学校的法定代表人。"校长是学校教学、科研和其他行政管理的最高负责人。校长依靠的行政系统包括由校长、副校长、校长助理等组成的校长办公会，下属行政职能部门负责人和由院长（系主任）等组成的院（系）委员会，以及其他直属机构。高职院校行政系统的存在，主要是贯彻党委的决议，保证教育方针和办学思想的落实，保障学校组织目标的实现。

从纵向来看，我国高职院校的行政系统一般分为校、院（系）二级，校级设立若干行政管理部门，完成校长所交付的各种行政管理工作，副校长协助校长主管相应的行政事务。各二级学院分别设院长、系主任来主持各院的教学和行政工作。在这种管理体制下，校级层面成为高职院校的决策中心，要对学校进行宏观调控和制订长期发展规划，其职责主要有掌握国家的教育方针政策，把握高职院校的办学和发展方向，负责学校的整体规划、协调、监督与评估全局性工作等。各个学院成为学校领导下的，集教学、科研、行政和学生工作等于一体的实体性管理机构，代表学校对所属各二级学院（系）进行管理，具体贯彻实施学校和学院的决策与计划方案，搞好部门教学、科研和学生管理工作。

（三）学术权力

学术权力指的是基于某一方面或领域的学术造诣，因其专业知识突出而具有的权力。在高职院校，学术权力的主体一般是学术委员会、教学委员会、专业委员会等学术组织。1999年的《中华人民共和国高等教育法》明确规定了"高等学校学术委员会"。2014年3月11日，教育部正式发布的《高等学校学术委员会规程》明确要求将学术委员会作为校内最高学术机构，统筹行使与学术有关的职权。这是促进高等学校规范和加强学术委员会建设，完善内部治理结构，保障学术委员会在教学、科研等学术事务中有效发挥作用的重要举措。《高等学校学术委员会规程》对高校学术委员会的组成、职责及运行等重要问题分别做了规定。《高等学校学术委员会规程》明确了学术委员会人员的组成和产生规则，界定了学校领导和部门负责人的比例，强调向教师和基层学术组织倾斜。"学术委员会一般应当由学校不同学科、专业的教授及具有正高级以上专业技术职务的人员组成，并应当有一定比例的青年教师。学术委员会人数应当与学校的学科、专业设置相匹配，并为不低于15人的单数。其中，担任学校及职能部门党政领导职务的委员，不超过委员总人数的1/4；不担任党政领导职务及院系主要负责人的专任教授，不少于委员总人数的1/2。"学术委员会委员应当具备以下条件。

（1）遵守宪法法律，学风端正、治学严谨、公道正派。

（2）学术造诣高，在本学科或者专业领域具有良好的学术声誉和公认的学术成果。

（3）关心学校建设和发展，有参与学术议事的意愿和能力，能够正确履行职责。

而作为高职院校学术委员会的专业技术职务一般规定为副高级以上人员或者具有企业经验的高级工程师。

学术委员会委员享有以下权利。

（1）知悉与学术事务相关的学校各项管理制度、信息等。

（2）就学术事务向学校相关职能部门提出咨询或质询。

（3）在学术委员会会议中自由、独立地发表意见，讨论、审议和表决各项决议。

（4）对学校学术事务及学术委员会工作提出建议、实施监督。

（5）学校章程或者学术委员会章程规定的其他权利。

特邀委员根据学校的规定，享有相应权利。

学术委员会委员须履行以下义务。

（1）遵守国家宪法、法律和法规，遵守学术规范，恪守学术道德。

（2）遵守学术委员会章程，坚守学术专业判断，公正履行职责。

（3）勤勉尽职，积极参加学术委员会会议及有关活动。

（4）学校章程或者学术委员会章程规定的其他义务。

学校决策下列事务前，应当提交学术委员会审议，或者交由学术委员会审议并直接做出决定。

（1）学科、专业及教师队伍建设规划，以及科学研究、对外学术交流合作等重大学术规划。

（2）自主设置或者申请设置学科专业。

（3）学术机构设置方案，交叉学科、跨学科协同创新机制的建设方案、学科资源的配置方案。

（4）教学科研成果、人才培养质量的评价标准及考核办法。

（5）学位授予标准及细则，学历教育的培养标准、教学计划方案、招生的标准与办法。

（6）学校教师职务聘任的学术标准与办法。

（7）学术评价、争议处理规则，学术道德规范。

（8）学术委员会专门委员会组织规程，学术分委员会章程。

（9）学校认为需要提交审议的其他学术事务。

学校实施以下事项，涉及对学术水平做出评价的，应当由学术委员会或者其授权的学术组织进行评定。

（1）学校教学、科学研究成果和奖励，对外推荐教学、科学研究成果奖。

（2）高层次人才引进岗位人选、名誉（客座）教授聘任人选，推荐国内外重要学术组织的任职人选、人才选拔培养计划人选。

（3）自主设立各类学术、科研基金、科研项目以及教学、科研奖项等。

（4）需要评价学术水平的其他事项。

学校做出下列决策前，应当通报学术委员会，由学术委员会提出咨询意见。

（1）制订与学术事务相关的全局性、重大发展规划和发展战略。

(2) 学校预算决算中教学、科研经费的安排和分配及使用。

(3) 教学、科研重大项目的申报及资金的分配使用。

(4) 开展中外合作办学、赴境外办学，对外开展重大项目合作。

(5) 学校认为需要听取学术委员会意见的其他事项。

（四）民主管理和监督权力

民主管理和监督权力是指以普通教师为代表的教师权力主体和学生权力主体。学校的利益相关者，还有教职工和学生。他们如何实现权利诉求，参与学校决策，是需要关注的重要问题。

普通教师长期奋斗在教学科研一线，相对于领导权力主体更加了解学生的需求，并且对学校的教学管理、科研发展甚至是日常事务管理具有更加直观的感受与认识。普通教师虽然也是学术权力主体的一部分，却不同于基于更加卓越专业知识而组成的以学术委员会为代表的最高学术权力群体，故而他们的权力结构呈现出无组织性与非固定性，甚至经常出现权力真空的状态。因为他们既不能加入学术委员会享有学术权力，又游离在行政权力之外而受到行政权力主体的管理，故而教师群体只能通过教师代表大会参与学校治理。[①] 学校教职工代表大会，简称教职工代表大会或教代会，是教职工依法参与学校民主管理和监督的基本形式。《学校教职工代表大会规定》于 2011 年 11 月 9 日经中华人民共和国教育部第 34 次部长办公会议审议通过，并经商中华全国总工会同意，2011 年 12 月 8 日中华人民共和国教育部令第 32 号发布。该《规定》分为总则、职权、教职工代表大会代表、组织规则、工作机构、附则六章三十条，自 2012 年 1 月 1 日起施行。其规定学校教职工代表大会的职权包括以下几方面。

(1) 听取学校章程草案的制定和修订情况报告，提出修改意见和建议。

(2) 听取学校发展规划、教职工队伍建设、教育教学改革、校园建设以及其他重大改革和重大问题解决方案的报告，提出意见和建议。

(3) 听取学校年度工作、财务工作、工会工作报告以及其他专项工作报告，提出意见和建议。

(4) 讨论通过学校提出的与教职工利益直接相关的福利、校内分配实施方案以及相应的教职工聘任、考核、奖惩办法。

---

① 李永亮：《高等学校内部治理结构优化研究》，经济管理出版社 2017 年版，第 66 - 67 页。

（5）审议学校上一届（次）教职工代表大会提案的办理情况报告。

（6）按照有关工作规定和安排评议学校领导干部。

（7）通过多种方式对学校工作提出意见和建议，监督学校章程、规章制度和决策的落实，提出整改意见和建议。

（8）讨论法律、法规、规章、规定的以及学校与学校工会商定的其他事项。

学生作为治理主体参与学校治理在目前是一种有限参与，主要通过评价教师和参与学生会来参与学校的事务。学生通过评价教师来确保教学质量以保障自己获得高质量教育的权利。学生还通过参与学生会来表达自己的观点，捍卫自己的权利。学生会是中国中等学校和高等学校学生的群众组织。1919年五四运动时期，高等学校和中等学校学生成立了学生自治会，对当时反帝爱国学生运动起过积极作用。1930年，国民政府曾公布过《学生团体组织原则》和《学生自治会组织大纲》，规定学生自治会的职权"以不侵犯学校行政为限"，活动范围限定在一所学校以内。但进步学生仍利用学生自治会开展了各种爱国民主运动。中华人民共和国成立后，规定高等学校和中等学校均建立学生会，在校学生均为会员。

中华全国学生联合会第二十七次代表大会部分修改，2020年8月18日通过的《中华全国学生联合会章程》指出学生会的基本任务是：

（1）以马克思列宁主义、毛泽东思想、邓小平理论、"三个代表"重要思想、科学发展观、习近平新时代中国特色社会主义思想为指导，遵循和贯彻党的教育方针，促进同学德智体美劳全面发展，团结和引导同学成为热爱祖国，适应中国特色社会主义事业要求的合格人才，进一步增强对中国特色社会主义的道路自信、理论自信、制度自信、文化自信，自觉树立和践行社会主义核心价值观，为实现中华民族伟大复兴的中国梦而努力奋斗。

（2）发挥作为党和政府联系同学的桥梁和纽带作用，在维护国家和全国人民整体利益的同时，依法依章程表达和维护同学的具体利益。

（3）开展健康有益、丰富多彩的课外活动和社会服务，努力为同学服务。

（4）增进各民族同学的团结。加强与台湾省和港澳同学的联系，促进中华民族的团结和伟大祖国的统一。

（5）发展同各国、各地区学生和学生组织的友谊与合作，支持各国、各地区人民和学生的正义事业。

《中华全国学生联合会章程》规定学生会是学生自己的群众组织。凡在学的中国学生，不分民族、性别、宗教信仰均为学生会会员。学生会以全心全意服务同学为宗旨，发挥学校党政联系广大同学的桥梁和纽带作用，在党组织的领导和团组织的指导帮助下，依照法律、学校规章制度和各自的章程开展工作。

以上四种权力分工有序，优势互补，相辅相成，体现了决策差异。党委会是学校的战略领导核心，校党委会可以通过对重大决策的审批权等发挥治理权力。校长及学校行政部门享有对学校全面管理的权力，一般对学校的发展战略、重大问题做出决策，对学校教学、科研、师资、人事、后勤、财务等各项行政工作做出具体安排并负责操作实施，对学校的安全稳定负全责。学术委员会享有学术事务最高决策权，审议学科、专业的设置，教学、科学研究计划方案，评定教学、科研成果等学术事项，具备参与重大事务决策权和各项决策的违章否决权。教代会与学生会代表的主要是民主权利和利益相关者参与学校治理的权力。

第三节　高职院校外部治理结构

一、外部治理的主体

高职院校的外部环境由具有不同利益身份的主体，通过一定的政治、经济、文化、法律等具有选择性的社会行为，对高职院校治理结构产生影响。这些行为具有一定的目的性和针对性，往往与一定的价值取向相联系。从当前高职院校的外部治理结构来看，高职院校的主要利益相关者有各级政府部门、行业企业、学生家长、所在社区等。他们基于不同的利益诉求，与高职院校进行互动。

（一）政府部门

从国家的组织结构和权力配置来看，政府的含义有狭义和广义之分。广义的政府，指国家体制，即国体；泛指人和制度的组合体。它依赖并服从于国家，是国家表达意志、发布命令、处理事务的机关，它的一系列职能都是国家职能的具体化，包括立法机关、司法机关和行政机关以及一切公共机关，议会、总统、内阁、法院等机构等。有代表性的如英国《大众百科全书》将政府定义为：由政治单元在其管辖的范围内制定规则和进行资源分配的机构，政府的功能是立法、司法、执行和行政管理。狭义的政府，专指一个国家的中央和地方的行政机关，如国外的内阁、总统、政务院等，我国的国务院、地方各级人民政府，即一个国家的中央和地方的行政机关的总和。有代表性的如《美国百科全书》提出："政府一词适应管理团体和国家的机构及其活动，政府就是一个国家或社会的代理机构。"《中国大百科全书·政治学》将政府定义为："行使国家权力的机关。"我国宪法中的"人民政府"是指各级行政机关，即狭义的政府。我国政府的基本含义主要包括以下几个方面：国家和地方政府都由相应的人民代表大会产生，是国家权力机关的执行机关；政府不仅要向本级权力机关负责，还要向上一级政府负责，向其报告工作并接受监督；各级政府的行政管理，其特定任务就是领导、组织和管理国家公共行政事务；政府拥有法定的行政管理和执行权力，运用行政手段对社会生活进行指挥；为人民服务是国家和各级政府的宗旨，是一切行政措施的出发点和落脚点。目前，我们通常所用的"政府"的概念，是狭义的政府概念，即国家行政机关，故国务院又称中央人民政府。①

在我国，政府一直是高校的举办者，而且是最重要的举办主体。政府举办高校的历史最早可以溯源到晚清时期。维新变法以后，现代意义上的高校治理结构开始初步建立，高校办学主体逐步走向多元化，出现了官办学校、公立学校、私立学校和教会学校四轮驱动的局面，但在多元化的高校办学主体模式下，政府依然是办学的主导力量。政府投入是当时高校教育投入的主体，尤其是对公立学校而言。同时，政府官员利用行政影响力，在一批大型企业家的共同参与下，创办了一批公立学校。新中国成立初期，全国有高等学校207所，其中公立高等学校128所，占高等学校总数的61.8%，但经过接管改造和1952年院系调整后，到1953年所有高等学校全部改由政府举办，政府成为那一时期高校办学的唯一主体。改革开放以后，高校举办主体和投资主体开始多元化，政府逐渐改变自己作为高校办学唯一主体的地位。在政府的支持和倡导下，多元化办学得到迅速发展。1982年《宪法》中首次对社会力量办学做出原则性规定："国家鼓励集体经济组织，国家企业事业和其他社会力量依照法律规定举办各种教育事业。"1995年7月，国家教委颁布的《关于深化高等教育体制改革的若干意见》提出高等教育管理体制的改革目标是："争取到2000年或稍长一点时间，基本形成举办者、管理者和办学者职责分明，以财政拨款为主多渠道经费

---

① 孙长远：《我国政府的职业教育发展责任探究》，天津大学2017年博士学位论文。

投入中央和省政府两级管理、分工负责,以省统筹为主,条块结合的体制框架。高校举办主体的多元化意味着高校举办者所享有的权力也应多元化分享,政府不再是高等学校的唯一举办者,而只是公立高校的举办者,其行使举办者职权的范围也由所有高校缩减至公立高校。"①

政府对高职院校管理,一方面致力于保证高职院校的社会主义办学方向,另一方面在于保证培养出适应中国经济发展需要的人才。政府对公立高职院校的管理权,其实质是政府行政权的一种体现。《中华人民共和国高等教育法》第13条规定:"国务院统一领导和管理全国高等教育事业,省、自治区、直辖市人民政府统筹协调本行政区域内的高等教育事业。"政府对公立高职院校的管理权体现为四个方面:一是高等职业教育规划权,二是高等职业学校基本事项变更审批权,三是制定高等职业学校具体管理标准权,四是评估与监督权。

(二) 行业企业

企业是从事生产、流通、服务等经济活动,以生产或服务满足社会需要,实行自主经营、独立核算、依法设立的一种营利性的经济组织。这一定义的基本含义是:企业是经济组织,企业是人的要素和物的要素的结合,企业具有经营自主权,企业具有营利性。企业具有如下特征。

(1) 企业是一个经济性组织。它是一个投入-产出系统,即从事经济性活动。表现为生产性和营销性等方面的活动,都是把资源按照用户的需要转变成可被接受的产品与服务。它具有追求经济性的目标,即在经营企业的过程中实现"产出/投入"的最大化,盈利是企业创造附加值的组成部分,也是社会对企业所生产的产品和服务能否满足社会需要的认可与报酬。

(2) 企业是一个社会性单位。现代企业已是一个向社会全面开放的系统,它所承担的社会责任与政治责任有时甚至会对其经济性行为产生决定性影响。企业概念中的"为满足社会需要"不仅指满足用户甚至市场的需要,它还包括了满足企业股东和一切经营及其结果的"相关者"的需要。

(3) 企业是一个独立法人。企业具有自己的独立财产与组织机构,能以自己的名义进行民事活动并承担责任,享有民事权利与义务。企业的法人特点规定了它须依照法定程序建立组织,如必须在政府部门登记注册,应有专门的名称、固定的工作地点与组织章程,具有独立的财产,实行独立核算,能够充分

---

① 陈东原:《中国教育史》,商务印书馆1936年版,第499页。

独立、自主经营等。

行业一般是指其按生产同类产品或具有相同工艺过程或提供同类劳动服务划分的经济活动类别,如农业、饮食行业、服装行业、机械行业等。行业编码按照《国民经济行业分类》(GB/T 4754—2011)进行。这一分类体系将国民经济行业划分为 20 个门类、96 个大类,每个大类分为若干个种类,每个种类又分为若干个小类。行业的发展必然遵循由低级的自然资源掠夺性开采利用和低级的人工劳务输出,逐步转向规模经济、科技密集型、金融密集型、人才密集型、知识经济型,从输出自然资源逐步转向输出工业产品、知识产权、高科技人才等。

行业协会具有组织职能、协调职能、服务职能和监管职能,其作用如下。①

(1)开展行业、地区经济发展的调查研究,提出有关经济政策和立法方面的意见和建议。

(2)经政府主管部门同意和授权进行行业统计,收集、分析、发布行业信息。

(3)创办刊物,开展咨询。

(4)组织人才、技术、职业培训。

(5)组织展销会、展览会等。

(6)经政府部门同意,参与质量管理和监督工作。

(7)指导、帮助企业改善经营管理制度。

(8)接受委托,组织科技成果鉴定和推广应用。

(9)制定并监督执行行规行约,规范行业行为,协调同行价格争议,维护公平竞争。

(10)反映会员要求,协调会员关系,维护其合法权益。

(11)经政府部门授权和委托,参与制订行业规划,对行业内重大的技术改造、技术引进,投资与开发项目进行前期论证。

(12)参与制定、修订国家标准和行业标准,组织贯彻实施并进行监督。

(13)参与行业生产、经营许可证发放的有关工作,参与资质审查。

(14)参与相关产品市场的建设。

(15)发展行业和社会公益事业。

---

① 林润惠、王玫瑰、廖俊杰等:《高职院校校企合作——方法、策略与实践》,清华大学出版社 2012 年版,第 12-13 页。

(16) 组织、承担企业技术人员职称评审工作。

(17) 承担政府部门委托的其他任务。

(18) 积极推进学校与企业进行合作。

职业院校加强与行业企业的合作是企业和职业院校共同的利益诉求。这是由职业教育的特点和企业发展的需求决定的。职业教育在本质上与企业密切相关。职业教育具有社会性、职业性和实践性的基本属性。职业教育与整个社会的联系紧密而具体，对社会环境具有高度依存性，与民生就业直接联系，而就业又是具有高度综合性的社会工程，涉及政治、经济、人口、资源、文化、习俗等各方面，这就要求职业教育要依靠全社会的力量。职业教育也只有与生产实践、工作过程相结合，学生才能学到未来职业中应具备的知识和技能。

通过不同层面、不同深度的校企合作，高职院校能提高学生的实践动手能力，实现所培育人才从学校到社会"无缝对接"等目标。同样，企业通过校企合作能获得优质人力资源，提升自身的竞争力。正是基于这种互惠共赢的利益机制，使得构建校企利益共同体成为可能。一方面，高职院校的出发点和归宿点都是为企业培养用得上的高素质技能型人才，其职业属性决定了必须围绕企业的需求和发展来开展教学活动。以实现学生就业为导向的高职院校，教给学生的职业知识和技能必须符合企业的岗位要求，营造相似于企业的实训氛围、购买与企业生产相适应的设施设备、按照企业岗位要求设计课程教学内容等。高职院校教学活动安排都是围绕企业来进行的，是企业重要的利益相关者。另一方面，企业是高职院校发展的直接受益者。企业之间的竞争本质上就是人才资源的竞争。高等职业教育的对象是企业未来的员工，高职院校培养的高素质人才是企业发展的重要智力支持。此外，高职院校还可以对企业在职员工进行培训，提升员工的职业素养、技能水平，这将有利于提升企业形象和企业绩效。[①]

（三）学生家长

在高职院校治理结构中，利益相关者少不了高职院校学生的家长。一所高职院校如长期忽视家长的利益，就极易损失本应该属于自己的宝贵资源，甚至容易走向衰退。我们知道："人们奋斗所争取的一切，都同他们的利益有关。"

---

① 郑荣奕：《基于利益共同体的高职院校校企合作机制探索》，载《教育与职业》2017年第4期，第30－34页。

利益是主体因需要而在实践中所结成的社会关系的集中反映。考虑家长的利益，其实也是在追求高职院校的利益，因为家长与孩子所在的高职院校是利益共同体，是一种难以割舍的社会关系网络。

在高职院校投资主体结构中，家长通过学费、住宿费方式的投入往往占据相当大的比重。有投入就要有产出，就要研究边际效益最大化，毕竟家长的投入占了家庭收入的很大部分，有时甚至是全部。家长的经济利益（包括隐性经济利益）期望要求学校采取切实的措施，培养出一批批合格人才，特别要逐年提升就业率，使家长的经济投入在预期内见效。

对此，作为一所高职院校，一定要时时为学生家长着想，通过家长开放日、家长会、家访、网络联系等多种方式，了解家长的需求，借助家长的力量宣传学校，提升知名度。在此基础上，学校发展越快，学校声誉就越高，招收的学生就越好，家长也就越满意。这样将会形成良性互动，真正形成高职院校治理的有效模式。[①]

（四）校友

注重提升校友的参与度，可以为学校发展提供重要支撑。校友的作用至少可以体现在以下方面：搭设桥梁，沟通学校和社会；捐款赠物，提供财力支持；彰显成就，提升学校声誉。搭建起校友真正参与高校决策的有效平台，有利于激发校友参与热情，拓展高校发展路径和资源，从而完善高职院校内部治理结构。根据高职院校内部治理现状，可以重点从两个方面引进校友力量参与决策：一是就学校重大发展决策征求校友意见，有效引导和利用，校友资源就是学校改革与发展的"思想库"和"智囊团"。有必要定期举办知名校友战略咨询会，征求其对学校发展的意见和建议，也可通过聘请各领域知名校友为学校发展战略顾问的形式，定期或不定期召开决策咨询会议，听取校友的意见和建议。二是吸收校友参与部分具体事项决策。从校友与学校互动沟通关系及校友对学校发展的贡献角度看，高职院校可在教师队伍建设、产学研合作、捐资助学、学生就业服务等领域吸收校友参与。

（五）社区

高职院校不是一个孤立的组织，它与周边的社会环境是密切联系、融为一

---

① 韩春虎：《大学治理：一种科学发展视域下的制度安排》，辽宁大学出版社2009年版，第113页。

体的。高等职业院校所处的区域或社区人文环境、经济环境、自然环境等，会影响学校的发展。区域或社区的政治、经济、科技等环境影响高职院校的需求状况；社区文化环境、本土知识、社会风气、文化传统等会影响高等职业院校的管理。高等职业院校只有根据自身所处的区域或社区环境来进行特色设计，才能切实可行、符合实际，才能最大限度地争取区域或社区在物质、人力以及精神等方面的支持，从而有利于学校管理工作的顺利开展。高职院校培养的人才大部分是为区域经济社会发展服务的，因此，高职院校专业设置要区域化。因为要服务于当地的经济建设，高职院校在专业设置上就必须结合地方经济社会的需要。高职院校校园文化的区域化，高职院校在建设校园文化的过程中要充分汲取区域文化的精髓，体现本土的文化。职业教育进社区，可以让社区了解职业教育，宣传职业教育的成果，弘扬劳动光荣的传统，争取社区对职业教育的支持，增强社区对职业教育的认可度。同时，高职院校通过社会培训、科技服务、科普宣传等方式，服务于社区。高职院校作为法人机构，植根于某个社区才能发展，职业教育和社区之间有着密不可分的关系。社区建设为职业教育提供源源不断的动力，能够为所在区域的职业院校提供支持服务，如在学校的硬件设施、交通出行、环境卫生、周边治安等方面给予保障，也可以在设施共享、人才交流、技能培训、文化共建、社区服务等方面进行合作。

二、外部治理的权力与规则

（一）政府的调控

政府通过对高职院校进行财政拨款和补贴、制定教育政策与法规、行政手段等方式对高职院校各方面事务进行管理，以保证我国公立高职院校的社会主义办学方向，保证高职院校培养出来的人才适应国家经济发展和建设的需要。政府在高职院校治理中发挥着重要的作用，但如果政府对高职院校的管控过多，就会削弱高职院校的自主权，影响高职院校的办学活力。如果政府对高职院校太过放宽，就会出现一放就乱的局面。因此，要建立政府与高职院校的良性互动关系。职业教育作为社会系统的重要组成部分，与社会政治、经济和文化等方面都存在着紧密的联系，是与整个社会发展的各要素相互影响、相互制约的。因此，政府的职业教育职能并不是单一的，而是多方面的。在职业教育领域，政府对职业教育主要具有管理职能、服务职能、监督控制职能、资源配置职能等。

一是政府的职业教育管理职能。政府管理职业教育发展的主要手段之一是制定和实施职业教育法律法规与政策方针。政府制定和实施职业教育法律法规与方针政策具有权威性，具有很强的约束力和强制性，这意味着职业教育政策不同于一般的政策建议或政策辩论。在职业教育领域，教育政策包括建构现代职业教育体系、增强办学活力、提高人才培养质量、提供经费保障、赋予职业院校办学自主权，以及各级政府的权责划分等。

二是政府的职业教育服务职能。政府作为公共利益的代表，为社会提供公共教育产品与公共教育服务是其基本职能之一。在职业教育发展过程中，政府既是整个职业教育事业的管理者，又是大部分职业教育的举办者。政府管理职业教育的目的在于，将职业教育的公共利益做大，使职业教育与社会各领域的联系更加紧密；提高职业教育资源的使用效率与职业教育的质量，让国家、社会、企业和个人共同受益，让每一个人公平地享用职业教育产品或服务。

三是政府的职业教育监控职能。由于职业教育是与整个社会发展的各要素直接相关的领域，并且它本身也是一个具有独立运转能力的社会子系统，因而政府的职业教育监控职能可以划分为外部监控和内部监控两种。外部监控主要是对参与职业教育运行的相关利益主体行为的监督和管控，包括对企业事业组织、社会团体及其他社会组织和公民个人等社会力量的监督和管控；内部监控主要是对职业教育运行体系的监督和管控，包括对职业教育经费使用、职业教育人才培养质量、职业院校办学自主权等方面的监督和管控。

四是政府的职业教育资源配置职能。职业教育资源通常指维持、组成、参与并服务于职业教育系统的资源，包括人力、物力、财力和制度力。与职业教育发生关系的相关利益主体主要是政府、学校、企业、社会组织和个人等。政府对职业教育资源的配置主要是将有限的社会资源配置到职业教育领域，既包括对职业教育人力、物力和财力等的实物性供给，又包括职业教育法律法规、政策或条例等的制度性供给。同时，资源配置还存在效率问题。由于存在着职业教育资源（数量、质量、结构、性质）的稀缺情况，表现为日益增长的职业院校人数与公共资源的匮乏趋势，因而政府在面对人力资本投入与国家整体利益时，就不得不面对资源配置效率与质量的问题，即政府在面对职业教育资源稀缺的情况下，需要解决如何将职业教育资源有效地配置到社会各领域的问题。①

---

① 孙长远：《我国政府的职业教育发展责任探究》，天津大学 2017 年硕士学位论文。

(二) 校企合作

校企合作是一种以市场和社会需求为导向的运行机制，利用职业院校和企业不同的资源优势，以培养社会发展需要的技术技能型人才为目的，通过院校学习和企业实践的结合，实现职业院校与企业合作共赢的教育模式。院校和企业在人才培养、科学研究、社会服务、生产经营、人员交流、资源建设等方面进行合作，实现双主体育人。一直以来，我国的职业教育采取的都是单一的办学体系，政府是唯一的办学主体，这一办学体系对职业教育的发展起到了规范和带动作用。但在市场经济条件下，其封闭、保守的缺陷日渐显现。市场经济组成成分的多元化要求职业教育也应相应建立起多元化的办学体系，这是现代职业教育健康有序发展的必由之路。职业院校积极开展多元化办学体系构建的探索，而校企合作的教育模式是职业教育发展最为突出的优化路径。①

从学校和企业参与的方式与程度看，校企合作大致可以划分为三种类型。

（1）企业配合型。企业配合型就是以高职院校为主，企业处于辅助配合地位的类型。具体来说，就是高职院校制定学校的人才培养目标、培养方案和教学计划，并在校内承担大部分人才培养任务。企业则是根据学校提出的要求，为学校提供一定的实训实习条件或协助完成实践教学任务。主要表现为高职院校成立专业指导委员会，聘请企业相关人员参与，教师到企业做市场调查，学生到企业进行实习。由于学校和企业各为独立的法人实体，彼此没有共同的经济利益，各自经营目标独立，企业没有为学校培养人才的义务和责任，这种浅表层面的合作容易出现"校热企冷"的问题。

（2）校企联合培养型。校企联合培养型就是指高职院校和企业联手共同培养人才。简言之，就是校企双方共同制定人才培养目标、教学计划和人才培养方案以及共建校内外实训基地，按照专业对接产业、课程对接岗位的原则，根据对岗位的分类确定课程教学内容，根据企业的需要进行人才培养。学校为企业提供技术咨询和指导、开发项目以及承担企业员工培训工作，为企业实施"订单式"教育，学生毕业定点实习、定点就业。

（3）校企实体合作型。高职院校和企业结成利益共同体与同盟，经营目标一致，企业不再以被动的角色参与校企合作，而是以主人身份主动参与高职院校人

---

① 吕一中等：《我国职业教育办学体系及管理体制研究》，中国经济出版社2014年版，第99页。

才培养和办学全过程，如以注入资金、提供设施等方式参股等，承担对高职院校决策、计划、组织和协调等管理职能。这种校企互相渗透、互惠互利的联动机制校企合作办学，谓之校企实体合作型。具体表现为在学校中建立企业（校中厂）、在工业园区内办学（厂中校），或成立经济实体型产学研合作模式等。[①]

（三）校地合作

校地合作是校地共赢发展的新模式，可以使学校和地方的建设协同发展，能使高校持续稳定地发展，也能促进地方经济建设、改善民生，是培养学生自主创业和促进学生适应社会的有效方式。

（1）校地合作能增加地方人才资源。校地合作能增加人才到地方的流通，能吸引更多优秀高职院校人才到当地和留在当地发光发热，促进人才引入。

（2）校地合作能促进地方经济发展。校地合作能促进科技成果转化，实现产学研相结合，能把高职院校最新科研成果迅速转化为地方经济发展的新项目，同时通过高职院校的技术储备，联合地方企业攻克当前行业和区域面临的关键性技术难题，能有力支撑地方企业的可持续发展。

（3）校地合作能提升高职院校教学质量。通过校地合作，地方政府和企业能协助所在区域高职院校的办学，提供先进资源和优质师资水平，同时能加大高职院校的办学力度。高职院校也能根据实际情况，调整教学方式，针对岗位需求开设专业课程，联合培养区域社会急需的专业人才，学生通过学习技能快速进入岗位，更好更有效地开展工作，更有效地服务于区域。

（四）社会参与

组织行为学普遍认为，任何组织都无法脱离社会而单独存在，它们是社会组织的一个重要组成部分，必须与周围环境或者组织进行能量交换。具体来说，就是要求任何组织与社会进行合作，从而获取相应资源来维持组织的生存与发展。当组织所拥有的资源不能够满足其自身发展需求时，组织就会将自身所具有的资源或者创造的资源与其他组织进行交换，这就使组织为了获得资源而对其他组织产生了依赖。[②]

---

① 陈德清、涂华锦、邱远：《高职校企合作体制机制改革与实践》，北京理工大学出版社2016年版，第32-34页。

② 刘冬冬、张新平：《社会参与大学治理：必要性、现实困境、路径选择》，载《继续教育研究》2018年第2期。

高职院校作为一种非营利性的组织，具有提供准公共产品的基本属性，高职院校并没有严格意义上企业所说的股东，没有任何人能独享高职院校的剩余价值或对高职院校行使独立的控制权，高职院校治理需要利益相关者共同参与。对我国高职院校治理而言，其治理需要依靠高职院校内部和外部的利益相关者群体共同参与。因此，充分发挥高职院校外部社会利益相关者参与高职院校治理的权利和义务，能有效避免在高职院校治理过程中出现行政化倾向。

社会参与高职院校治理是职业教育管理体制改革路径的必然选择。社会参与高职院校治理，在一定程度上对作为传统高职院校治理主体的政府产生巨大的冲击，同时在高职院校管理方面，也影响和促进政府的治理理念和治理方式的范式转变。社会组织参与高职院校治理直接影响和促使政府权力与职能角色发生转变。同时，社会参与高职院校治理是我国高职院校治理现代化得以实现的重要步骤，反映了高职院校不同主体之间的权力关系，从而在整体上促进政府的权力分散，使政府权力逐渐过渡与转让给社会组织。随着政府权力的转变，政府的职能角色也发生相应转变，政府的职能由之前的万能政府角色向有限政府角色转变，由之前的设计者、主导者角色向服务者、监督者角色转变。

目前社会参与高等学校治理的途径主要有：在制定《中华人民共和国高等教育法》等法律法规的过程中，设置正式途径听取社会各界意见；参与高等教育资金筹措和教育资源合作；企业等社会机构与高校进行产学研合作；在高校中组建涵盖社会利益代表的高校董事会；第三方机构在教育发展评价、教育政策研究、留学咨询与服务以及资源共享平台建设等方面发挥着重要作用，同时媒体也在对高等教育进行舆论监督。

有效的高职院校治理是高职院校内部力量与外部影响之间保持适度平衡，外部力量之间特别是市场与政府之间也要保持适度均衡。政府可以提供经费等办学资源与场地等办学条件，但不应干涉学校具体办学行为与学术决策；可以保留检查评估权，下放资源控制权、资源配置权与资源使用权。而高职院校则面向市场自主办学，依据市场需求配置资源，确立发展目标和发展重点，市场与社会则会用学校排名、毕业生就业及舆论导向等对高职院校做出评价，对高职院校治理发挥影响。

第四章　我国高职院校的治理制度

　　高职院校治理制度是高职院校职能活动中所形成和建立的协调其内外关系和办学行为的规范、准则、习惯等的总称，是高职院校师生员工在各种活动中共同遵守的规定和准则。它们维持着高职院校正常的办学秩序，促进其办学功能的实现。现代化的高职院校治理要求高职院校的管理必须依靠各项制度，坚持用制度管人管事，用制度提高治理水平。建立健全一套完善的管理制度体系，对于高职院校推进依法治校、完成各项办学任务、实现发展战略目标、提升办学水平有着非常重要的意义。因此，高职院校需要积极探索，逐渐构建起科学规范、运转高效的治理制度体系，为高职院校的教育教学、科研和社会服务等活动提供有力的制度保障。

第一节　高职院校治理制度建设的意义

一、制度的含义

　　制度在我国由来已久，起源于人类生活的需要。"制度"一词出于《周易·节》："天地节而四时成；节以制度，不伤财，不害民。""君子以制数度，议德行。"指特定的礼数法度，即"规矩"。从中国较早的典籍中，可见到诸多关于制度的论述，如《尚书·周书·周官》"考制度于四岳"，《荀子·王制》"明王始立而处国有制"，《左传·隐公元年·郑伯克段于鄢》"今京不度，非制也"，《汉书·元帝纪》"汉家自有制度，本以霸、王道杂之"。这些典籍大多从国家体制或国家政体方面来论及制度。《商君书》中提到，国家的成功治理，要依靠制度。《礼记》也指出，制度是一种规则，是各阶层应遵循的规则体系。在《辞海》中，制度有要求成员共同遵守的、按一定程序办事的规程，一定历史条件下形成的政治、经济、文化等方面的体系，政治上的规模法度等三个方面的含义。小至行为规则，大至国家法规、体制，都属于制度的范畴。《国际社会学百科全书》中对制度的定义为：制度是由周密制定、易于确认和相对稳定的规范、价值观和法律制度控制的社会行为的各个方面。

制度，从广义上说是指在一定条件下形成的政治、经济、文化等方面的体系，如政治制度、经济制度、文化制度等。从狭义上说，是指组织要求全体成员共同遵守的规程或准则，如教学制度、作息制度等。可见，不管是从古代或现代的意义上去理解，都可以做出这样的判断，制度就是规则，是对社会行为具有相对稳定的约束作用的规范。这是对制度意义的最一般性的表述，也是对制度的最基本的认识。①

制度对人类社会来说是重要的，因为任何社会都需要一套制度性的标准来规范人们的行为以使社会有序。制度是要求群体成员共同遵守的确定的行为规范和公共规程。制度是影响历史进程的重要变量。一个国家或地区，要依靠国家的力量或者某种群体的力量，对社会生活中的一个或多个领域做出一系列行为规定，就要建立制度。因此，任何国家、社会和组织都离不开制度。国家需要用丰富、完善的制度来维护统治，推动国家发展；社会需要用有效的制度来建立健全社会秩序，促进社会和谐；组织需要用有效的制度来协调组织成员关系，维护自身价值。②

二、高职院校治理制度

高职院校治理制度是指高职院校按照一定程序依法制定的、要求其成员共同遵守的规程，是维系职业院校生存和发展的一系列组织行为规则和运行机制的总称。高职院校治理制度是一个制度体系，内容涉及面广。从范围来看，职业院校治理制度有广义和狭义之分。广义的职业院校治理制度包括一个国家对职业院校及其他职业教育机构的教育教学及其相关活动的管理所颁布的法律、规章及政策的总称，它是协调和控制政府、社会、市场、个人涉及职业教育活动行为的统一标准。狭义的职业院校治理制度则是职业院校及其他职业教育机构对职业教育教学及其相关配套活动所制定的各种规章、条例及实施细则的总称。从涉及的关系来看，职业院校治理制度可以分为外部制度和内部制度。外部制度是指维持职业院校与政府、社会、市场、企业等外部关系的一系列组织行为规则和运行机制。而内部制度是职业院校自身治理的制度，即职业院校内部治理制度。不同的学者

---

① 唐晓萍、张进清、李文红：《学校管理制度研究》，广西教育出版社2006年版，第1页。
② 杨炜长：《民办高校治理制度研究》，国防科技大学出版社2006年版，第12页。

从不同的角度,对高职院校的治理制度做出了不同的划分。总体来说,高职院校治理制度可以划分为基本制度、一般制度和具体实施细则。

基本制度是指高职院校的章程,即关于高职院校性质、任务以及组织构成和主要行为活动等最基本的内容的原则性规定或框架。高职院校章程是高职院校的基本制度,是高职院校办学的依据。高职院校一般治理制度从功能上来分,包括决策制度、执行制度、评估制度等;从内容上来分,分为教学管理制度、科研管理制度、人事管理制度、学生管理制度、招生管理与就业服务、社会培训和继续教育、财务管理制度、后勤设备管理制度等。这些制度下面又包括若干具体实施细则,如人事管理制度包括教师聘任制度、职员聘任制度、分配制度、考核制度、奖惩制度等。①

章程和规章管理制度都是高职院校依据上级法律法规在自主办学范围内制定的学校自身的管理规范。章程是学校管理制度的基础,章程的制定和完善,引领和推进学校一般规章制度的制定,学校的规章制度是章程的具体化和补充,具体制度的制定和实施,能促进章程的实施和执行。高职院校治理制度应从建章立制做起,并以章程为总纲搭建现代职业教育体系;严格执行国家的教育方针和政策,做到依法办事、按程序办事。(见图4-1)

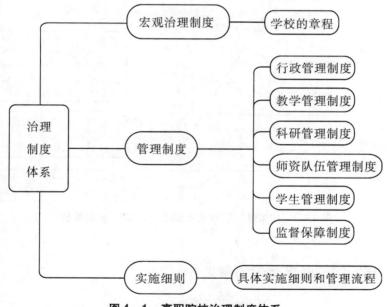

图4-1 高职院校治理制度体系

---

① 周光礼:《中国院校研究案例(第三辑)》,华中科技大学出版社2011年版,第11-12页。

如广东轻工职业技术学院坚持把党委领导下的校长负责制作为学校的根本制度，通过长期实践探索，构建了"1152"制度体系。第一个"1"指一个根本制度，即《关于坚持和完善普通高等学校党委领导下的校长负责制的实施意见》所提出的，党委领导下的校长负责制是公办高校的根本制度。这一制度是广东轻工职业技术学院坚持和强化的领导体制。第二个"1"指一个"基本法"，即学校章程。2015年12月，广东轻工职业技术学院的章程正式公布，成为学校依法自主办学、实施管理和履行公共职能的基本准则。"5"指五项核心制度。一是党委会会议制度，二是校长办公会议制度，三是学术委员会章程，四是民主参与制度（教职工代表大会和学生代表大会），五是社会参与制度。"2"指两类具体制度，即基本管理制度和具体规章制度（依据《中华人民共和国高等教育法》第39、41条规定）。两类制度的细化、丰富和完善，使广东轻工职业技术学院治理更加科学规范。（见图4-2）

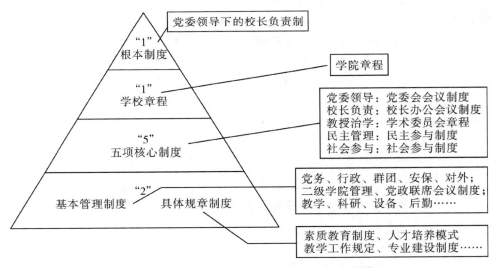

图4-2 广东轻工职业技术学院"1152"制度体系

三、高职院校制度建设的意义

（一）制度建设是高职院校存在的基础

高职院校是一个复杂的学术性组织，办学规模庞大，组织结构复杂，参与人员众多，办学目标多样，社会责任重大。高职院校内部成员包括学生、教师、行政人员、教辅人员等，特别是教师的活动多样、广泛，既要从事教学、科研，又要面向社会从事各类服务活动。同时，学校是一个开放的组织系统，与政府、企业以及社会方方面面发生着广泛、深入的联系和交往，需要完善的制度来规范各高职院校之间以及与社会各类教育之间的关系。著名教育家夸美纽斯指出："……这类学校的长处全在于制度，它包括了学校发生的一切事。因为制度才是一切的灵魂。通过它，一切产生、生长和发展，并达到完美的程度。哪里制度稳定，那里便一切稳定；哪里制度动摇，那里便一切动摇；哪里制度松垮，那里便一切松垮和混乱；而制度恢复之时，一切也就恢复。"现代组织要生存和运作，就必须有制度化安排，制度化的安排使各种行为变得规范和稳定。因此，高职院校制度建设对于学校组织的生存，意义重大。

（二）制度建设是高职院校创新发展的动力

随着经济全球化的不断深入，我国高等教育面临着越来越激烈的国际竞争。伴随着高等教育不断加快的大众化、国际化步伐，我国高等职业院校得到了蓬勃发展，使得国内同层次高职院校之间、高职院校与各类职业培训之间、高职院校与普通教育之间的竞争日趋激烈。高职院校已经成为一个竞争主体，必须面对竞争，参与竞争，必须增强自身的竞争优势，培育和提升核心竞争力。因此，职业院校要在适度规模发展的基础上高质量、高效益地发展，这就需要将先进的发展理念转化为具有治校法规效力的合理制度，保证学校的各项工作顺利开展，并在管理制度不断革新的基础上，保证职业院校不竭的生命力。如果一所职业院校没有完善、科学的制度来激励和规范，它的发展将失去动力，很难有效地发挥职能、适应经济社会的转型升级。职业院校的管理制度体系是遵循国家相应的法律法规制定的，是随着外部环境条件和事物本身的不断发展而变化的，它根据变化的情况适时进行修正和创新。职业院校不断发展的目的，就是最大限度地调动与发挥教职工的积极性和创造性，他们是制度创新和制度实施的主体。完整的制度体系可以激励先进者成为可持续发展的引领者，鞭策后进者成为跟随者，从而激励规范不同人群最大限度地发挥创新能力，为高职院校的可持续发展提供不竭动力。

（三）制度建设是提升职业院校社会地位的保障

我国高职教育的发展起步较晚，在我国高等教育体系中，高职教育还处于弱势地位，绝大多数的高等职业院校尚处于其生命周期的成长期。虽然我国已经建成了世界上规模最大的职业教育体系，但职业教育的社会地位不高，公众对职业教育还存在偏见，普遍认为成绩不好的学生才上职业院校。近年来，国家强调职业教育是国民教育体系和人力资源开发的重要组成部分，立法强调职业教育与普通教育同等重要，立法规定建立完善国家资历框架，使职业教育与普通教育的学习成果融通、互认，这无疑为职业教育的发展注入了"强心剂"，有助于改变某些人戴着有色眼镜看待职业教育的现象。同时，高职院校也要完善制度，规范办学行为，使办学和决策减少人为性、主观性，让办学有制度可循，从而提升社会对学校的认可度。

（四）制度建设是调节社会和高职院校变革之间的中介

高职院校随着社会的需要而产生，并随着社会的发展而不断变革、发展；同时，高职院校的发展又推动着社会的变革、进步和发展。传统的封闭性管理模式难以满足高职院校的发展，需要构建与外部交流、沟通合作的管理制度，这是高职院校发展的必然。建立学校与社会合作办学的体系和制度，明确各方的权力和责任，政府发挥引导作用，深化校企合作，实现专业与产业、职业岗位对接，专业课程内容与职业标准对接，教学过程与生产过程对接，学历证书与资格证书对接，职业教育与终身教育对接。在制度上明确政府主导、社会参与的原则，形成校企合作机制，实现产业链、教学链、利益链的融合。

（五）高职院校制度是顺应法制化国家建设的需要

党的十八届四中全会提出全面推进依法治国，确立建设中国特色社会主义法治体系的总体目标，强调法治国家、法治政府、法治社会一体建设。依法治教、依法治校是全面推进依法治国的重要组成部分，也是构建现代职业教育体系，完善现代职业学校制度的可靠保障。2010年颁发的《国家中长期教育改革和发展规划纲要（2010—2020年）》，提出要完善中国特色现代大学制度：完善治理结构，公办高等学校要坚持和完善党委领导下的校长负责制；加强章程建设，依照章程规定管理学校；扩大社会合作，探索建立高等学校理事会或董事会；推进专业评价，鼓励专门机构和社会中介机构对高等学校学科、专业、课程等水平和质量进行评估。目前，广东省普通高校均建立了学校章程，部分学校成立了理事会。2014年5月发布的《国务院关于加快发展现代职业教育的决定》指出："发挥好政府保基本、促公平作用，着力营造制度环境。""职业学校依法制定体现职业教育特色的章程和制度。"同年6月，教育部等六部门印发的《现代职业教育体系建设规划（2014—2020年）》提出："完善体系建设、管理、运行的法律法规和基本制度。"2015年8月，教育部印发的《职业院校管理水平提升行动计划（2015—2018年）》把"依法治校、自主办学、民主管理的运行机制基本建立"作为工作目标。这些文件的出台意味着我国高职院校要进一步完善自身的治理工作，以更好地适应我国的现代教育体制。文件明确要求职业院校进一步提高其治理工作的精细化、规范化和科学化水平，要求高职院校加快编制和完善章程，引入能够反映高职院校特点的制度治理体系和内部管理运行体系，不断建立和完善高职院校管理制度。可见，我国职业院校实施依法治校已受到党和国家的高度重视，全国高职院校正在全面推进法治建设。

第二节　高职院校章程建设

高职院校章程是设立高职院校的基本条件，每所高职院校申请成立时都需要提供其制定的章程。高职教育是高等层次的职业教育，是高等教育的重要组成部分。高职院校章程应当是根据《中华人民共和国教育法》《中华人民共和国高等教育法》和《中华人民共和国职业教育法》等法律法规，针对学校的办学定位与特点，由学校的举办者或其委托机构及其他利益相关者共同制定的，并经教育行政管理部门批准，以书面的形式制定的对涉及高职院校办学理念、发展目标、办学权利和义务、宗旨、任务、组织结构、教师与学生的基本权利与义务、管理体制和组织机构、学校与社会关系、财务资产和后勤保障、学校标识等基本的事项做出全面规定而形成的纲领性文件。

一、高职院校章程建设的背景

1995年的《中华人民共和国教育法》和1998年的《中华人民共和国高等教育法》中就明确了高等学校要按照章程行使自主管理权，申请设立要向审批机关提供章程。2011年11月，教育部颁布的《高等学校章程制定暂行办法》为高校章程建设提供了具体指南。2013年9月，教育部发布《中央部委所属高等学校章程建设行动计划（2013—2015年）》，要求进入"985工程"建设高校在2014年6月底前完成章程起草工作，"211工程"建设高校在2014年底前完成章程起草工作,所有高校在 2015 年底前完成章程起草工作。部属高校要将章程草案提请教育部核准;地方高校的章程则由地方教育主管部门核准。根据管理权限,高职院校则是由地方行政主管部门核准。到 2016 年初,全国各高职院校陆续完成章程的制定、核准。

但随着国家经济社会发展,中国特色现代大学制度的建设,需要结合高等教育的新形势新变化新要求,对制定的章程及时进行修订与完善,补充完善最新法律法规和政策等相关规定要求,进一步完善学校内部管理制度,体现和保护学校改革创新的成功经验与制度成果。高职院校章程要体现高职院校的特点,不能照搬普通高校的大学章程。高职院校章程要明确自身办学定位,根据职业教育跨界融合的特点,按照高职教育规律办学,针对高职院校的办学特色特点来制定。在章程制定和修订的过程中,政府、行业、企业等高职院校外部利益相关者都应参与章程制定。[①] 目前,部分高职院校已完成了章程的修订和上报地方主管部门审批工作。

二、高职院校章程建设的意义

高职院校章程上承国家相关法律法规,下启校内各项规章制度,既是依法治国大背景下建设现代大学制度的客观要求,也是高职院校办学理念、办学宗旨、办学目标的集中体现。高职院校章程对明确高职院校内部各种关系以及与社会之间的关系,明确高职院校的法律地位和办学自主权,规范办学行为,提高办学水平,提升社会影响力等方面,有着重要的引领、规范和保障作用。

(一) 章程是高职院校依法办学的基本条件

高职院校章程是学校实现依法治校、依法办学的法律基础,章程明确了高职院校的法律地位和办学自主权,规定了高职院校人才培养、科学研究、服务社会、推进文化传承创新、推动国际交流合作等职能,对规范学校办学行为,维护教师、学生合法权益,提升学校办学水平具有重要的引导、规范和保障作用。1995 年颁布的《中华人民共和国教育法》明确提出:设立学校及其他教育机构必须有章程。1998 年颁布的《中华人民共和国高等教育法》明确要求:申请设立高等学校应当向审批机关提交章程,并对章程要明确的事项做了规定说

[①] 崔宝秋等:《高职院校 ISO 治理结构模式研究》,江苏人民出版社 2018 年版,第 98 页。

明。1996年颁布的《中华人民共和国职业教育法》规定，职业学校的设立必须符合有组织机构和章程的基本条件。2010年颁布的《国家中长期教育改革和发展规划纲要（2010—2020年）》提出各类高校应依法制定章程，依照章程规定管理学校。2011年底，教育部颁布了《高等学校章程制定暂行办法》明确将在一段时间内，集中推动高校普遍建立章程，推进高等教育体制改革。2022年修订的《中华人民共和国职业教育法》也明确了职业院校设立的基本条件之一是有组织机构和章程。因此，章程是现代高职院校制度的主要载体，是高职院校管理和运行的根本依据，是高职院校建立的基础条件。高职院校章程要依据国家教育法律法规，统领学校办学各个方面的规章制度，是规范高职院校与政府、社会及高职院校内部各利益相关者之间关系的基本准则。高职院校章程是高职院校对国家关于职业教育的法律条例的进一步具体化，是国家职业教育法律制度在高职院校的落实和执行。

（二）章程是高职院校自主管理的制度依据

章程是高职院校实施依法自主办学、自主管理的重要依据。《中华人民共和国教育法》规定学校有按照章程自主管理的权利。2022年修订的《中华人民共和国职业教育法》明确规定："职业学校应当依法办学，依据章程自主管理。在办学活动中可以自主开展以下活动：根据产业需求，依法自主设置专业；基于职业教育标准制定人才培养方案，依法自主选用或者编写专业课程教材；根据培养技术技能人才的需要，自主设置学习制度，安排教学过程；在基本学制基础上，适当调整修业年限，实行弹性学习制度；依法自主选聘专业课教师。"

只有通过章程将高职院校自主管理的基本原则和基本程序以制度的形式规定下来，并通过上级行政部门的核准，具有了法律效力，才能够真正实现高职院校的自治，实现教学学术的自主和自由。高职院校章程不仅对学校的办学行为有约束力，同时对行政部门的管理行为也有约束力。它既能保证高职院校举办者、管理者不直接干预高职院校的具体事务，又能避免高职院校在运行过程中的主观随意性，使其一切办学行为有法可依、有章可循。在政策法律的基本框架下，高职院校章程对学校的各项制度与管理机构的权限做出了明确的规定，建立健全各种议事规程、办事流程及内部组织机构规则，有利于形成科学的决策机制、执行机制和监督机制，从而保证高职院校的健康运行和科学决策，推动学校依法办学和自主管理。①

（三）章程是高职院校民主监督的有力支撑

民主监督主要由教职工代表大会和学生代表大会来实现。章程明确规定教职工代表大会、学生代表大会的地位与作用、职责与权限、负责人产生规则、任期、召开、选举、表决要求等，强化了教职工代表大会和学生代表大会的职能，维护了师生员工参与学校相关事项民主决策、民主监督的权利，促使学校的教育资源配置和使用发挥最大效益，为教职工代表大会行使代表职权提供了制度保障。教职工代表大会的制度化和规范化，保证其决策的民主化。章程规定了工会组织作为教职工代表大会的常设工作组织机构，在教职工代表大会闭会期间，切实履行参与民主管理、民主监督的职能。

此外，高职院校章程建设也有利于调动学校工会、共青团和各民主党派等参与学校民主管理、民主监督，为学校建设与发展建言献策，为学校科学管理和健康发展提供保障。高职院校章程规定了法律顾问制度、信息公开工作机制，进一步推进了学校的民主管理和社会监督。民主监督是高职院校管理体制的重要组成部分，是推进依法治校、促进学校民主政治建设的重要途径。构建和完善民主监督机制是现代大学制度建设的重点内容，是实现高职院校政治权力、行政权力、学术权力和民主管理和监督权力和谐发展的重要保障。

（四）章程是社会广泛参与高职院校治理的重要保障

高职院校章程上承国家法律法规、下启学校内部制度规定，既协调高职学校与举办者、参会者之间的外部关系，又调整高职院校的内部关系。高职院校由于其培养目标的应用性和产业性，与地方政府、行业企业、社会组织有着更为密切的联系，多采用校企合作、工学结合的多元合作人才培养模式。学校的治理将由以政府为单一权力中心的单一治理模式向政府、高职院校、行业企业、社会组织等多种主体共同参与管理的多元治理模式转变。合作企业和社会组织既是高职院校的办学主体，也是参与高职院校建设的主体。高职院校依法设立理事会、校友会，并通过章程将其职能、地位、作用等予以规定和制度化，依照章程使社会各方参与学校事务有法可依，促进学校与社会建立广泛联系与合作，有利于打破传统的管理决策模式和封闭的办学体制，从而形成社会参与的

---

① 崔宝秋等：《高职院校 ISO 治理结构模式研究》，江苏人民出版社 2018 年版，第 99 页。

长效机制，推动高职院校主动适应经济社会发展。①

三、高职院校章程建设的现状与问题

2012 年教育部《高等学校章程制定暂行办法》明确了章程的总则、内容、制定程序、核准和监督，要求新设立的高等学校，由学校举办者或者其委托的筹设机构，依法制定章程，并报审批机关批准。高职院校的章程核准工作主要由省级教育行政部门组织进行。到 2015 年底，广东省教育厅圆满完成了全省 85 所地方公办高校（包括本专科院校）的章程核准工作。截至 2015 年 12 月 28 日，全省 85 所地方公办高校的章程已全部由学校向社会公布实施，实现了普通高校"一校一章程"的目标。随着依法治国基本方略的全面实施，法律成为执政党、国家机关、社会团体和广大公民的规范。高职院校依法治校的意识也普遍增强，全国高职院校基本上制定了自己的章程，部分高职院校根据经济社会发展需要和法律法规的最新要求进行了章程的修订工作。

（一）高职院校章程建设的实践探索

高职院校章程建设起步较晚，在参照普通高等学校的同时，逐步探索职业教育特色，所以高职院校的章程建设参差不齐、具有不平衡性。在对章程的重视程度方面，部分高职院校比较重视，能做到依规制定章程、定期修订章程、依章程治校。师生对章程的确立程序、内容结构和作用有很全面的了解。在制定程序方面，部分高职院校广泛征求师生意见，甚至还征求企业、行业、社区、举办方、教育主管部门的意见。在内容结构方面，部分高职院校能够主动改革创新，把教育改革创新的成功经验与制度成果、学校的办学特色、治校理念、校风都写入了章程。

---

① 崔宝秋等：《高职院校 ISO 治理结构模式研究》，江苏人民出版社 2018 年版，第 101 页。

案例 4-1

南通航运职业技术学院章程建设的实践探索[①]

1. 制定程序的合法性和规范性

该学院成立了以上级主管单位分管领导任组长，由教育行政部门与地方有关部门负责人、行业企业代表、师生代表等各利益相关方参加的章程建设领导小组及编制工作办公室，并专门组建了课题攻关项目组。通过大量的理论研究、调研分析和认真准备，明确了章程起草、核准等环节的时间表、路线图、任务书，数易其稿，不断起草与修改完善，制订了《南通航运职业技术学院章程》草案。经院教代会（工代会）、院理事会（扩大）会议专题讨论，经校园网公开征求意见和召开章程建设教授座谈会、师生座谈会、学生座谈会专门征求意见，经章程建设领导小组会议、院长办公会、党委会、教代会专题会议审议通过，最后，将章程文本上报江苏省交通运输厅，获得主管部门批复后上报江苏省教育厅，顺利取得了章程核准批文。2016年初，南通航运职业技术学院印发实施章程。

2. 制定内容的继承性和创新性

按照继承传统、描述现状、谋划未来的起草思路，章程包括序言、总则、学院与举办者、教职工、学生、学院治理结构、经费与资产管理、章程制定与修订、附则九个部分。其中，第五章的"学院治理结构"部分，又分为领导体制、决策机制、组织机构、学术委员会、民主管理、质量保障、学院与社会七个小节。依据有关法律法规、规章和规范性文件的要求，结合办学实际，章程文本在序言和第一章总则部分列出了学院的基本情况、机构性质、办学方向、发展定位、培养目标、办学类型、专业设置等。在第二、三、四章分别阐述了学院与举办者的权利和义务、教职工的权利与义务、学生的权利与义务以及各方权益保障与维护机制。在第五章着重阐述了党委职权、院长职权、组织机构与内部管理机制、学术委员会职权、民主管理与监督的参与方式、学院与社会的基本关系，明确了学院实行党委领导下的院长负责制，对各种权力关系及决策机制从制度层面进行了规范。在第六章明确了学院的经费来源以及财务和资

[①] 王彬：《高职院校章程制定及现代大学制度建设研究——以南通航运职业技术学院为例》，载《淮南职业技术学院学报》2016年第5期，第98-102页。

产管理制度。在第七章规定了章程制定与修订的原则、程序与效力,确立了章程在学院规章制度体系中的最高地位,并明确要求建立相关配套制度。对照《中华人民共和国高等教育法》《高等学校章程制定暂行办法》的规定和教育行政部门的有关要求,章程文本基本涵盖了大学章程应该载明的基本内容,贯彻落实了国家对高校实施"党委领导、校长负责、教授治学、民主管理、依法治校"的改革思路与基本要求,同时也融入了院理事会建设等体制机制改革的成果,凝练了航运专业链设置、质量管理、半军事管理等办学特色。

3. 制定过程的协调性和系统性

在章程筹备起草的过程中,为了更好地梳理学院各利益相关方的关系,分类别对建院以来15年的全院性规章制度进行了集中清理,共梳理各类规章制度320份。经审查、核准,对69份规章制度予以废止,对90份规章制度要求相关职能部门予以修订,对102份规章制度确认保持有效,对未正式印发的59份规章制度要求相关职能部门予以修订后印发。在章程颁布实施后,南通航运职业技术学院以章程来指导学校的制度体系建设,并纳入全面质量管理范畴,使得以章程为核心、基本制度为支撑、具体制度为基础的现代大学制度体系初具雏形,提升了管理规范化、精细化水平,为推进内涵建设提供了制度保障。

案例 4-2

湖南交通职业技术学院章程建设实践[①]

章程的制定和修订是经学校教代会讨论、校长办公会议审议、党委会审定后,报湖南省教育厅核准后正式公布。其总体结构包括序言、总则、学校功能与教育形式、治理结构、教学科研单位、教职工、学生、学校与社会、经费、资产与后勤、学校标识和附则等内容。其具有以下特点。

一是总体结构较为合理,内容较全面,语言较规范。从结构来看,章程采用"序言—总则—正文—附则"的体例,这样的结构是较为合理的。从内容来看,章程具体规定了学校的历史、办学理念和办学定位、具体功能、教育形式、治理结构、教学科研单位及教职工、学生的权利与义务等,内容比较全面,语

---

① 刘悦丹:《"依法治校"视域下大学章程建设研究——以湖南交通职业技术学院为例》,载《现代职业教育》2018年第23期,第75页。

言也较简洁规范。

二是从实际出发，突出湖南交通职业技术学院的特色。在序言中，章程介绍了学校的历史沿革、强调了学校一贯坚持的办学理念，立足交通行业，突出交通行业特色，坚持"四好"人才的育人标准、未来的发展目标等。

三是厘清了学校与社会、学校内部各权力主体的关系，权责分明。比如，章程第三章明确规定了党委、纪律检查委员会、党委书记、校长、学术委员会、教职工代表大会、工会、学生代表大会的权责范围。第四章明确规定了教学科研单位（院部）的基本职责。第五、六章则规定了教职工和学生的权利、义务范围。同时，第七十二条、七十三条还规定了学校设立校友会和理事会等。该章程基本厘清了学校与社会、学校内部各权力主体的关系，权责分明，基本均衡了党委权力、行政权力、学术权力和民主管理和监督权力四种权力。

四是保证公平、公正、公开，发扬民主管理和监督。章程第十条规定学校实行信息公开制度，第三十一条规定学校建立健全沟通机制，第三十四条规定了学生代表大会和学生会，第三十六条也规定了学校建立民主、科学的决策制度和决策程序……学校建立重大决策问责制等。这些具体规定都说明了湖南交通职业技术学院章程确保了学校事务公平、公正、公开，并充分发扬民主管理和监督。

✓ 案例4-3

广州科技贸易职业学院推进规范管理

学院一直以来重视依法办学和科学管理，管理水平跃上新台阶，依法治校成效突出。学院认真贯彻落实国家和省教育厅关于职业院校管理能力提升行动计划，制定了学院实施方案，成立了领导小组，建立了工作机制，落实重点任务分工。以章程的颁布与实施为契机，学院制定了《学院合同管理办法》《学院来文处理管理办法》《学院官方微博、微信管理办法》《禺山讲坛管理办法》等一系列规章制度，修订完善了《学院党委会议事规则》《学院院长办公会议议事规则》等各类规章制度300多项，开通"信息公开"专题网站，规范各类办文办会办事流程，各级领导和专家对学院的规范管理工作给予高度评价。

1. 加强章程建设与实施

学院章程于2015年4月经广东省教育厅核准生效，是学院依法办学、实施管理和履行公共职能的基本准则和依据。以章程核准颁布为契机，学院进一步树立全院师生的法治思维、改革意识，深入推进章程的实施，做好章程的宣传与学习工作，深化师生对章程的认识，准确把握章程的精神实质，自觉遵守章程各项规定，从而做到依法治校、依法施教、科学发展。

2. 完善学院规章制度

学院围绕章程开展制度清理工作，进一步理顺和完善教学、学生、信息化等方面的管理制度、规范，对与上位法或国家有关规定相抵触，不符合学院章程和改革发展要求，不协调的内部规范性文件和管理制度，及时修改、废止，确保制度完整、有效。新制定学院考勤管理、公务用车管理、公务接待管理、外事管理、社会培训、基建维修管理、固定资产管理、合同管理、采购管理、财务管理、档案管理、校企合作、科研管理方面等20多项规章制度，推进管理工作进一步规范化。对学院所有正在执行的制度进行了汇编，并下发给教职工学习和遵照执行。

3. 建立健全议事规则

进一步规范了《党委会议事规则》和《院长办公会议事规则》。明确了"分类、归口、集中"，重要事项按照工作职能范围归口，由牵头职能部门提交相应会议研究的原则。院长办公会和党委办公会分别召开，原则上一周党委会，次周院长办公会。提出牵头部门负责人会前一周填写议题申请表、议题提交说明（请示）及相关材料报送办公室，学院办公室将主办部门提交的议题整理汇总后，于会前一周周五前报学院主管领导审定。将审定意见告知议题相关部门，会前传真会议通知及议题至派驻纪检组。会后两天内，学院办公室撰写会议纪要，由学院主管领导审核、签发会议纪要。

4. 优化了办事流程

为了明确办事流程中各层级的权责分工，责任到岗，提高部门效率，方便师生办事，学院进一步梳理优化工作流程，规范审批环节。原则上由会议决议、经费预算批复并在决议或批复范围内实施（使用）的，一般可简化为实施（使用）部门负责人及分管校领导两级审批制。在不违反法律法规和上级规定要求的前提下，精简不必要的审批和工作环节，行政教辅部门对每项需要审批或备案的工作进行梳理，每项工作编制一图一表，不断提高办事效率。

（二）高职院校章程建设存在的问题

章程在高职院校治理中发挥了重要的作用，虽然目前高职院校基本上都制定了各自的章程，取得了明显成效，但与实施依法治国和治理能力现代化的要求相比，高职院校在管理理念、制度建设、运行机制、落实执行等方面仍存在一定的差距。在依法治校的理念方面，高职院校对依法治校的意义、作用、目的认识不够，以章程为核心的制度体系尚需进一步完善、优化，不依制度、程序办事的情况还屡屡出现，未形成按规则、原则行事的行政程序和办事形态。政府、学校、行业、企业多元主体协同办学的产教融合体制机制未真正形成，工学结合、校企合作的深度仍不够。

1. 对学院章程建设重视不足

目前，许多高职院校已制定了自己的章程，旨在建立章程统领下的学校治理制度体系，从而实现学校治理的规范化。然而，目前部分高职院校是为了完成上级主管部门的要求，而草草制定学校章程。在章程通过审核、完成了上级部门下达的任务后，则将其束之高阁，仍然延续原来的旧制度，并未以学院章程为统领重新梳理和修订相关制度文件，未形成合法、有效、统一的治理制度体系。章程的制定流于形式，缺乏实效。

2. 章程的法律地位不够明确

在现有的教育法律体系中，高职院校章程究竟处于什么样的地位，在高职院校管理中拥有怎样的效力，尚不能得到确切的答案。高职院校章程在院校制度体系中具备什么样的法律效力不明确，高职院校章程在学校管理中的权威性地位也还没有确立。此外，学校师生对高职院校章程的地位和作用不甚了解。

3. 章程制定的程序不够规范

高职院校章程的制定是一件严肃的事情，应有明确的制定程序、审批程序、评估程序和修订程序。当前，高职院校章程在制定程序上还存在一些不足和问题。大部分高职院校的章程对修订的条件没有具体规定；对修订流程的描述较少，有的根本没有提及。比如，多数高职院校的章程起草过程较为随意，没有专门的章程制定组织，起草过程缺乏严格程序规范；大部分高职院校章程并未规定修改程序，或规定得过于笼统，章程制定之后缺乏必要的评估、审批程序；在章程制定的过程中，师生的参与程度远远不够，甚至有些高职院校章程明显是为了应对行政机关的要求而制定的，起草人员东拼西凑就完成初稿。由于程序上存在疏漏，缺乏程序性规定，章程得不到公众的认可。

4. 章程内容缺乏个性

许多高职院校章程千篇一律，照抄照搬，无自身特色，根本没有发挥应有的作用，有的高职院校章程在结构上模仿本科高校。有的是《中华人民共和国教育法》规定的内容和学校实际的机械结合，内容雷同。尽管高职院校章程具备了法定要求的基本内容，但结合学校自身实际的创新性的规定很少。高职学校章程中的核心内容应该是"根据学校实际与发展需要，科学设计学校的内部治理结构和组织框架，明确学校与内设机构，以及各管理层级、系统之间的职责权限，管理的程序与规则"。目前，这些体现高职院校个性和特色的重点内容恰恰在高职院校章程中得不到应有的体现。[①]

四、高职院校章程的制定

高职院校章程的制定过程，不是一个简单的文本起草过程，而是一项复杂的工程，其中，明晰学校内外部各利益相关者的关系，明确管理体制、规范议事规则和决策程序，设计内部治理结构和组织框架，制定内部管理的程序和规则是其重点，需要深入调研、反复研讨、科学设计。

（一）高职院校章程的内容

高职院校章程是高职院校举办者依据国家教育法律法规，充分考虑学校的历史传统、校风学风、办学特色等实际而自主制定的。章程内容一般没有统一模式，但一般包括高职院校办学历史、发展历程、办学理念与发展目标、办学者的权利和义务、基本办学活动、教职工和学生的权利和义务及其参与民主管理与监督的形式、领导体制和组织机构、学校和社会之间的权利和义务关系、后勤保障和财务管理等方面的规定，并将校训、校徽、校旗、校歌、校庆等内容在章程中确定下来。[②]

高等职业院校是独立的法人，有权在不违背《中华人民共和国高等教育法》《中华人民共和国教育法》等法律的精神和原则的前提下，在法律规定的

[①] 解瑞卿：《高职院校内部治理制度体系设计之审视》，载《职业教育研究》2019 年第 1 期，第 39-43 页。

[②] 崔宝秋等：《高职院校 ISO 治理结构模式研究》，江苏人民出版社 2018 年版，第 101 页。

自主管理的权限内,基于自身的办学理念、办学特色、办学历史,制定具有自身个性特色的学校章程。依照《中华人民共和国高等教育法》第 28 条之规定,高等职业院校的章程应当包括:①学校名称;②校址;③办学宗旨;④办学规模;⑤学科门类的设置;⑥教育形式;⑦内部管理体制;⑧经费来源、财产和财务制度;⑨举办者与学校之间的权利、义务;⑩章程修改程序;⑪其他必须由章程规定的事项。

《高等学校章程制定暂行办法》第二章集中阐明了高等学校章程的必备内容。《高等学校章程制定暂行办法》认定的章程内容包括:①法定内容。《高等学校章程制定暂行办法》对《中华人民共和国高等教育法》要求章程载明的九项内容,逐一进行了阐述和细化,把学校的分立、合并及终止,校徽、校歌等标志物,作为其他必须由章程规定的事项要求章程载明,使得章程的法定内容更为明确。②办学自主权行使与监督的规则。《高等学校章程制定暂行办法》认为,《中华人民共和国高等教育法》赋予了高等学校七个方面的自主权:自主招生权,自主设置和调整学科、专业权,自主制订教学计划、选编教材、组织实施教学活动权,自主开展科学研究、技术开发和社会服务权,自主开展国际交流合作权,自主确定内部组织设置和人员配备权,自主管理和使用学校财产权。章程须从学校的实际出发,对如何行使七项自主权做出规定。③完善现代大学制度的内容。《高等学校章程制定暂行办法》强调,章程作为现代大学制度的重要载体,要落实党委领导下校长负责制这一根本制度,把握"大学自治、学术自由、民主管理"的现代大学制度特征,建立学校领导、行政、学术、民主管理与监督、社会参与、质量保障、教师和学生权益救济的体制与机制,成为现代大学制度的载体。①

(二) 高职院校章程建设的路径

1. 强化对学院章程的认识

章程是高职院校依法自主办学、实施管理和履行公共职能的基本准则,是学校制定内部管理制度及规范性文件、实施办学和管理活动、开展社会合作的基本依据。高职院校要把章程建设作为重点工作任务来抓。负责的领导干部要

---

① 陈寿根:《高等职业院校章程内容研究》,载《高等教育研究》2013 年第 11 期,第 66 - 70 页。

亲自抓、负总责，靠前指挥，抓紧抓好抓实，建立健全主要领导负总责、分管领导具体负责、职能部门牵头组织、相关部门积极参与的工作机制，以高度负责的工作态度和强烈的责任感，扎实做好学校章程建设。

对章程的认识表现在师生对章程的认知和评价，对章程的主动了解、掌握和运用上。将章程同时作为现有师生与新入校师生的教育培训内容，使所有人员都能了解章程的内涵，坚持自上而下地贯彻宣传章程，并将其落实到具体的教育、科研、管理与服务等各项工作细节上，使所有师生均能了解章程、使用章程、尊重章程。学校要通过开展讲座、座谈会、知识竞赛、考试、案例分析、演讲、朗诵、专题晚会、章程日等主题活动，增强大家对章程的了解和认识，为推行章程进行舆论铺垫。同时要通过宣传栏、广播站、网站、微信平台、报纸、宣传册等媒介广泛宣传章程，提升章程的认可度，帮助广大师生深刻体会章程执行的必要性，形成依法治校的良好思维，让依章程办事成为全校所有成员共同遵守的准则。

2. 明确章程制定与实施的主体责任

学校党委肩负着章程制定与维护的重要领导责任，学院行政部门则肩负着章程贯彻执行的责任，与此同时，学校的教职员工代表大会，以及学生代表大会等组织则有权利和义务肩负起章程执行过程中的民主监督责任。在高职院校贯彻落实所制定章程的全部过程当中，学校领导与各行政部门领导是章程执行的主体环节，明确各部门、各责任人的主体责任是极有必要的，即按照院校管理者的责任分工区别，将章程执行中的细化任务加以划分，如高职院校党委书记属于政治管理体制中的第一责任人，主要负责学校的党务建设工作，而校长则属于行政管理体制中的第一责任人，主要负责学校的日常行政事务。高职院校在制定章程的过程中深入分析、研究学校的办学特色与发展需求，总结实践经验，认真组织调研，广泛听取政府有关部门、学校内部组织、师生员工的意见，充分反映学校举办者、管理者、办学者，以及教职员工、学生的要求与意愿，使章程成为学校凝聚共识、促进管理、增进和谐的规章制度。

3. 章程在制定过程中应充分体现参与的广泛性

章程是高职院校师生员工共同遵守的根本制度，在建设过程中要体现师生的根本利益和共同愿望，需要全体师生积极参与。章程的制定不是学校领导个人或者班子的意愿，也不是执笔人的闭门造车，应当调动全体师生参与。同时，应发挥社会、行业企业、学生家长等的积极性、主动性和创造性。从参与的主体看，学校内部和外部的相关利益主体应一同参与章程的制定。从参与面上看，无论是校内人士还是校外人士，都应兼顾各层面，做到最大面的覆盖。如校内的参与主体应涵盖行政管理人员、专任教师以及学生等；校外人士可以邀请举办者、校友、法律顾问、教育行政部门、行业专家、用人单位等。同时，相应地，参与制定人员应行使自己应有的权利、履行好相应的义务。多元的制定主体能够全面反映各相关利益主体的诉求，使大学章程具有合法性、权威性和有效性。

4. 规范章程制定和修订程序

章程作为学校民主的法律保障，是学校各项活动的基础依据，所以章程制定要符合法律法规的规定，不得与上行法律法规以及其他有法律效力的规范性文件相抵触。制定过程必须按照教育部颁布的《高等学校章程制定暂行办法》要求，严格规范章程的制定与修订程序，成立专门的起草小组，负责章程的调研起草工作，起草小组经过深入的调查研究，公开征求校内外各方意见，充分尊重各方的权益和意愿，形成章程草案。要切实做好提交教职工代表大会充分讨论的工作，教工代表大会全体代表 2/3 以上多数同意，才能通过章程，再经校长办公会议审议、校党委会讨论审定、报送主管部门核准同意，这样，章程就具有了明确的法律地位。

随着社会形势的发展以及学校自身的改革需要，章程依据的法律法规也发生了变化。如章程依据的国家和地方教育政策发生变化，学校会发生分立、合并、终止情形，进而学校的名称、类别、层次、办学宗旨发生变化，学校举办者、管理体制、发展目标发生变化，章程应进行修订完善。提出章程修订的主体有校务委员会和教职工代表大会，提出章程需要修改的事项后，需经教工代表大会全体代表 2/3 以上多数同意，才能通过章程修正案。

5. 章程制定要从实际出发

高职院校在制定章程时，应考虑自身办学和管理的特色，从本校校情出发，确定办学目标、办学规模、管理体制；应将学校长期以来形成的传统做法和管理经验，行之有效的改革举措、管理制度等，通过章程予以明确和凝练。章程既要反映时代特点和社会要求，又要符合学校实际，体现学校特色，具有针对性和时效性。章程要避免内容上的雷同，逐步建立自我约束、自我管理的运行机制，形成按章程办学的局面，实现学校高质量发展。

6. 建立章程实施的监督机制

建立全面的民主监督问责机制是保障高职院校章程有效实施的首要环节。设立以教育主管部门为主的外部监督机构，把章程的实施情况纳入教育督导工作中并设立问责机制。建立校内多元化监督主体，统筹校内教职工代表大会、纪检监察部门、学校工会、学术委员会等的组织力量，组建章程实施的监督常设机构。建立学生家长、校友代表、社会媒体对高职院校章程的外部监督机制。通过校务公开促使高职院校接受外部监督，要逐步建立校内外成员及社会媒体对学校重大决策执行的监督机制。

第三节 高职院校管理制度建设

2018年3月，教育部印发《职业院校管理水平提升行动计划（2015—2018年）》，力推在职教领域"建立健全现代学校制度，实现职业院校治理能力现代化"，要求各高职院校建立起完善的内部治理制度体系，即以学院章程为统领，建立健全体现职业院校办学特点的内部管理制度、标准和运行机制，有机组合教学、学生、后勤、安全、科研、人事、财务、资产等内部管理制度，建立完整通畅，能够体现国家相关政策要求和学校特点的行事、议事规则和办事程序规范体系，强化制度标准落实，不断完善治理结构和优化决策机制，积极建设现代职业学校制度。2020年，《教育部关于进一步加强高等学校法治工作的意见》提出构建系统完备的学校规章制度体系。加强统筹规划，提高制度供给水平和制度建设质量，推动形成以章程为核心，规范统一、分类科学、层次清晰、运行高效的学校规章制度体系。高职院校的管理制度按照不同的工作领域可以分为不同的制度种类，如行政管理制度、党群管理制度、民主决策和监督制度、教育教学制度、后勤与社会服务制度、校园文化制度等。

一、教学管理制度

现代教学管理必须根据教学规律和管理原则制定相应的教学管理制度，用制度来规范教学管理的每一个环节。教学管理制度的主要内容包括教学计划管理、教学运行管理和教学质量管理等。教学计划管理制度主要包括教学计划、课程教学基本要求、学期进程计划、校历、课程表等。教学运行管理制度主要包括学期授课计划、备课、上课、辅导及作业批改、停课、调课、代课、考试等；还包括实验、实训、专业实践、毕业设计、毕业答辩等。教学质量管理制度主要包括教学检查、教学督导和教学评价等。

案例4-4

安徽机电职业技术学院的教学管理[①]

学校高度重视教学管理工作，政、行、校、企深度合作，在创新协同育人模式、教学管理方式等方面形成经验。坚持教学的中心地位，科学构建教学管理体系。科学构建集决策机构、职能部门和教学单位于一体的教学管理组织体系。发挥"五位一体"教学过程监控、教学运行管理监控、教师教学质量年度考核功能，构建教学质量监控体系。从专业与课程建设、教学运行和教学质量管理、教学改革与研究、教学团队管理等入手制定教学管理制度97项，教学管理与服务标准25项，形成教学制度标准体系。

1. 专业设置与建设管理。制定《安徽机电职业技术学院专业设置与调整管理办法》，规范专业设置程序，建立专业预警和动态调整机制，发布《安徽机电职业技术学院专业结构调整与优化工作实施方案》，实施专业优化和调整工作。

2. 人才培养方案管理。制定《安徽机电职业技术学院人才培养方案管理办法》，建立人才培养方案动态调整机制，明确人才培养方案制定的基本原则，明确方案制定的依据和原则，规范制定程序。

3. 课程建设管理。制定《安徽机电职业技术学院课程建设管理办法》对课程实施分类建设，建立课程资源建设标准；制定《安徽机电职业技术学院课程标准制定的有关要求》，强调课程内容对接职业标准、行业标准、岗位规范和国家教学标准；制定《安徽机电职业技术学院关于教材建设的规定》《安徽机电职业技术学院教材选用管理办法》等制度，规范教材的开发、选用和采购管理；制定《安徽机电职业技术学院网络教学平台资源建设和使用管理办法》，

[①] 《全国职业院校教学管理50强案例报告》，见http://www.cvae.com.cn/zgzcw/ahs/201912/3c2f2590b7f64b6f808373fe66584ed5.shtml。

分级推进网络教学资源建设。

4. 实践教学管理。制定《安徽机电职业技术学院实验实训教学实施规定》对实验实训教学的计划、实验实训教学过程与质量、实验实训课成绩考核、实验实训教学人员以及实训学生等实施管理。不断完善《安徽机电职业技术学院学生顶岗实习管理办法》等制度，对顶岗实习管理工作从组织管理、职责纪律、考核与评价和经费保障与使用说明等方面明确各级管理部门、校内外指导教师和学生的职责和任务，不断强化顶岗实习过程的规范管理。

5. 校企合作管理。制定《校企合作教学管理办法（试行)》《企业教师工作站建设与管理办法》等制度，加强校企合作工作规范管理。

6. 教学团队管理。制定《专业带头人选拔、培养和管理办法》《技术技能大师工作室管理办法》，以专业负责人制和技术技能培养制组建双教学团队。制定《专业教师赴企业实践锻炼管理办法》《企业教师工作站建设与管理办法》《教师教学能力竞赛管理办法》《新进教师导师制实施办法》等制度，加强教师培养。

7. 教学质量监控管理。制定《教师教学质量考核管理办法》，建立教师教学质量考核机制，对教师教学情况、任务、教研等七大方面进行年度量化考核。制定《安徽机电职业技术学院教学诊断与改进工作实施方案与工作规划》等制度，实施教学诊断与改进工作。实施期初、期中、期末教学检查工作，形成常态化的教学运行监控机制。

8. 教学信息化建设管理。成立信息中心，全面负责学校教学信息化建设。制定《安徽机电职业技术学院高等教育信息化建设实施方案》，对学校信息化建设进行整体规划与设计。

形成的教学管理机制确保了教学管理工作有序开展，学生、家长、企业满意度高。教学管理工作受到教育主管部门的认可。

二、科研管理制度

高职院校作为一种教学型大学，其科学研究的主要内容是教学学术，即研究教学，服务人才培养。科研要反哺教学，助推学校教学发展，围绕学校重点项目、重点专业开展研究。同时，要探寻专业与区域经济发展的契合点，找准研究方向，服务区域经济社会发展。要完善科技工作管理制度，规范运行校院两级科研管理机制，制定科技成果转化激励政策，提高科技成果转化率。规范学校学术研究机构、学术活动管理工作，确保学术管理工作坚持正确的政治方向、学术方向、舆论导向。健全学术道德标准和学术规范，改进学术评价方法，建立科学合理的学术评价体系。

（一）科研人员管理

科研人员管理是科研管理的重要环节。其主要内容有：建立起一支老中青相结合、结构合理、校企协同的科研队伍；加强科研人员的选拔、培训和使用以及考核、激励工作；加强科技创新团队建设，以高层次人才领军，围绕学校专业重点和特色，合理配置人才资源，打造创新学术团队，培育高水平科研人员，提升教师科研水平。通过一系列科学的管理方法，培养出一批具有创新精神和忘我牺牲精神、谦虚宽容精神、精力饱满、热情高涨，具有强烈的事业心，具有一定组织能力和决断能力的高素质的科研人员队伍。

（二）科研经费管理

科研经费是科研活动中所消耗的物化劳动和活劳动的货币表现。加强科研管理，以最少的投入和耗费取得最佳的经济效益，为国民经济的持续、健康、快速发展和社会进步提供高素质的科研人员和高水平的科研成果，是社会主义市场经济发展的客观要求，是实行经济核算、改善经营管理、合理组织科学劳动的根本目的。科研经费分为纵向科研经费和横向科研经费。纵向科研经费实行预算管理，横向科研经费实行合同管理。科研经费管理要想方设法、千方百计地拓宽科研经费来源，保证科研经费数量足够、来源稳定可靠，以利于科研工作的正常运转。

（三）科研设备管理

科研设备是为科研工作提供实验手段，直接为科研服务的。科研设备的管理包括设备的合理配置、器材的现代化管理等，都直接关系着科研水平。科研设备管理部门不仅承担繁重的技术供应任务，还承担技术管理和经济管理的任务，要了解科研设备工作的性质，明确任务，搞好科研器材设备的采购、保管、供应、维修、租赁以及各种资料的加工整理，培养科研设备管理人员。科研设备管理人员要及时同科研人员、科研部门联系，密切配合，做好各项服务性工作。

（四）科研档案管理

科研档案是用来记录和反映人类社会科学技术活动，具有一定经济、社会、技术价值并按规定制度归档的真实的原始的科学技术材料。科研档案管理工作包括科研档案的收集、统计、分类、编目、保管、开发利用、鉴定以及科研档案管理人员培训等方面。加强科研档案管理，充分利用科研档案，能够推动科研的发展。

（五）科研成果管理

科研成果是指某一科学技术研究项目，经过实验研究、设计试制或调查考察后，得到具有实用价值或学术意义的结果，包括发明、发现与技术改进等方面。科研成果直接关系到我国现代化建设进程。可以说，社会经济发展史，就是不断地应用先进科研成果并为其发展开辟道路的历史。科研成果管理工作包括科研成果的鉴定、申报、审查、奖励、推广应用等方面。加强科研成果管理，加快科研成果的转化，是推动潜在生产力向现实生产力转化，推动生产力发展的需要。[①]

☑ 案例4－5

绵阳职业技术学院加强内涵建设实现科研水平"跨越式"发展[②]

绵阳职业技术学院不断加强科研管理和科研体制机制改革，以科研基地建设和重大科技项目为重点，大力提升学校科技创新和服务社会的能力；建立健全了科研管理制度，逐年增加科研经费投入；加强软硬件建设，在科研经费、项目立项、科研获奖、科研平台、科研团队、发明专利、学术论文等诸多方面，在数量与质量及层次上都有新的突破与提高，科研工作成效显著，科研整体实力不断提升。

为充分发挥政策的导向作用，调动广大教师开展科研工作的积极性，绵阳

[①] 李铁林：《职业院校管理理论与实践》，研究出版社2003年版，第208－210页。
[②] 《绵阳职业技术学院加强内涵建设实现科研水平"跨越式"发展》，见 https://www.sohu.com/a/311888373_378601。

职业技术学院不断完善科研制度建设，制定相关文件及管理办法，对保障学校科研管理规范化、营造良好学术环境、提高科研工作效率、全面提高科研水平起到推动作用。学校还通过建立和完善科研奖励制度、科研评价制度、科研绩效考核制度、学术评价制度等措施，以服务为宗旨，重视管理队伍的能力建设，以党的群众路线教育实践活动为契机，结合工作实际，切实推进建章立制工作，为学校科研事业发展营造了健康有序、公平竞争、公正平等的良好环境，促使科研管理步入科学、规范、有序的发展轨道。

该校通过颁发《科研项目配套经费及成果奖励办法》，旨在提高科研水平，促进专业建设；《横向科研课题管理办法》鼓励和支持教师积极开展横向课题研究，有助于提高教学科研水平，推动校企合作进程，实现横向课题管理工作规范化、有序化；为充分调动发挥学校教师的科研积极性和创造力，提高学校科研项目层次，该校特设立科研基金并制定《科研基金项目申请、审批管理办法（试行）》，对科研基金项目类别、申请资格、申请流程、审核规定等进行了详细说明；为规范和加强学校科研项目经费管理，提高资金使用效益，保证科研工作顺利进行，制定了《科研项目经费管理办法》，对项目经费来源、项目经费管理和使用原则、项目经费开支范围、预算的编制与审批、预算执行、监督检查等细则进行规定。

三、师资队伍管理制度

职业院校的师资管理，是指在职业院校的教育活动过程中，对教师队伍的组合、调整、培养、考核、聘任等方面，进行计划、指挥、控制、激励的一种活动。其目的是通过运用科学的方法，根据人才成长的规律和学校的任务，建设一支高质量的师资队伍。努力调动教师教学的积极性和创造性，充分挖掘他们的潜能，本着人尽其才、人尽其用的原则，对师资队伍进行优化组合，增强师资队伍的整体效能。在促进教师个体的智力资本投资不断升值的过程中，使学校在师资储备、人才培养、学术成就、科研水平和社会影响力等方面获取更大的优势，为职业院校自身和经济社会的发展做出贡献。

（一）以岗位聘任制为核心的用人机制

岗位聘任是一种因事设岗、择优聘任、明确双方权利和义务、严格聘任管理与考核的用人制度。其特点是：任职条件因岗位和职务的需要而定；聘任双方均有权利和义务;有明确的任职期限和工作目标;任职期满后,根据考评结果决定去向;用合同来规范双方的关系和上述各方面。职业院校应按照"按需设岗、公开招聘、平等竞争、择优聘任、严格考核、合约管理"的原则实行和健全教师岗位聘任制,实现由"身份管理"向"岗位管理"的转变,真正建立起"能上能下、能进能出"的用人机制及良好的监督和约束机制。

科学合理地设置岗位是岗位聘任制的基础。应根据专业,设置不同的职务比例,做到因事设岗、按需设岗;摒弃因人设岗,防止人浮于事。同时在设岗过程中要做好岗位分析,制定出任职条件和岗位职责,为聘任和考核做好准备。要淡化职称,强化聘任。"职称"是区别专业技术(学术)水平、能力及工作成就的标志;"职务"则是根据实际工作需要设置并需要具备专门的业务知识和技术水平才能担负的工作岗位,应与工资待遇结合。根据岗位职责进行严格考核是对教师进行聘期内和期满后管理的主要手段,也是推行岗位聘任制的核心环节。必须制定科学合理、简捷易行的以定量为主、定性为辅,定性和定量相结合的教师岗位业绩评价体系。要严格操作程序,做到公正有序,评价结果应公开透明,以业绩为依据,内外结合,公开评审。要正确运用考核结果,要把考核结果作为兑现待遇、续聘、解聘的依据;对不合格者采取高职低聘或缓聘、解聘,合格者予以续聘,优秀者给予奖励并作为晋职、升级的依据。

(二)开放式的柔性流动机制

职业院校必须不断与社会大系统进行信息、物质和人才的交流,才能稳定、持续地发展。在促进教师资源流动方面,职业院校应采取开放式管理措施,打破人才单位所有的壁垒,突破地域和身份的限制,变人员流动为智力流动,建立以智力交流为特征的"柔性流动"机制,以实现人才资源的最大共享和整合。职业院校要本着"不求所有、但求所用,不求所在、但求所为"的柔性引进原则,化"所有制"为"所用制",通过"人才荐才""项目用才"等方式,重点引进急需的师资。

(三)多元化的工资分配机制

职业院校应按照"效率优先、兼顾公平"的原则,打破单一的按劳分配模式,建立"以按劳分配为主,多种分配方式并存"的分配制度;应将国家政策规定的基础职务工资与岗位津贴结合起来,统筹考虑。教师以岗定薪,按劳取酬,使工资分配更加科学、合理、规范。同时,分配制度改革应与聘任、考核相配套。要在明确教师各岗位职责和待遇的基础上,实行公开、公平竞争上岗,并实施绩效考核,分配兑现。只有这样,才能发挥工资分配在师资管理中的应有效能。①

(四) 建立科学的绩效考核指标

职业院校管理者应以人为本,树立民主、平等的观念,相信、尊重、关心、支持、理解教师,相信教师的自我管理能力,充分尊重教师的个人意愿,尊重教师的职业发展趋向。学校要建立公平、公正、公开的制度,营造和谐的人际关系氛围,减少绩效考核中出现的对立、走形式等现象。业绩指标以工作结果为导向,侧重于结果控制,指标内容集中在工作的实际产出,打造一种理性的、以任务为导向的业绩指标。行为指标侧重于过程控制,指标内容集中在教师工作过程中的行为、努力程度和工作态度。在方式上通过学生、同事、管理者对教师的评价,与教师自我评价相结合。针对职业院校教师工作的特性,把理论教师、实习教师区别对待,把不同学科、不同职称、不同级别的教学和实习岗位分开来,评价内容以教学管理、学生反馈、科研成果、职业道德等为主,绩效考核内容要全面。改变以往单一的年终考核方式,把考核贯穿在整个学年的教学过程中,并引入非定期考核以提高绩效管理的实时性。采取定期与不定期相结合的考核方法,可为及时修正教师行为提供依据。②

案例 4-6

广州科技贸易职业学院创新人事管理工作

学院启动了三大人事制度改革,制定和完善了客座教授聘用及管理、兼职教师管理、二级学院管理等系列管理办法,拟定了各系列职称改革工作文件、制定了学院绩效工资制度和岗位设置实施方案等。推动学院收入分配制度改革,按照"多劳多得、优绩优酬,向关键岗位、业务骨干和做出突出成绩的教职工倾斜"的原则,完善学院绩效工资内部分配办法,引领学院教育事业跨越式发

---

① 吴晓川:《当代职业教育管理:理论与实践的研究》,北京工业大学出版社2008年版,第253-254页。

② 丁惠炯:《新常态视野下现代职业教育治理体系研究》,经济日报出版社2018年版,第35页。

展。加强和规范学院人事经费管理及使用，制定《学院教职工福利费管理使用暂行办法》《学院老干工作经费管理办法》《学院扶贫工作经费管理办法》《学院劳务酬金发放管理办法》等，保障人事制度改革规范运行。根据"放管服"文件精神，制定学院职称评审工作方案，遵循高等教育规律和教师成长规律，进一步落实学校办学主体地位，发挥职称评审工作的激励作用，全面提升学院办学质量。通过制订总体规划、调整内部政策、开展考核监督、提供保障服务等方式对教学部门实施目标管理，逐步建立竞争有序、充满活力的运行管理体制。修改完善了《教职工年度考核办法》《教职工考勤管理办法》等规章制度，加强对教职工的管理。修改完善了《学院中层干部管理规定》，进一步加强了学院中层干部队伍建设，规范了领导干部行为，构建了一支信念坚定、为民服务、勤政务实、敢于担当、清正廉洁的高素质中层干部队伍，为学院教育事业的发展提供保障。制定了《高层次专业技术人才引进管理办法》，为加快学院师资队伍建设、贯彻"人才强校"战略扎牢了制度基础，提高了学院教育教学力量，增强了综合竞争力。

四、学生管理制度

（一）学籍管理

学籍管理是高等职业教育学校教学运行管理的主要内容之一，也是高等职业教育学校一项政策性、原则性较强的工作，教育部《高等职业教育学校、高等专科学校和成人高等学校教学管理要点》第24条"学籍管理"中指出，"学籍管理的基本内容包括对学生的入学资格、在校学习情况及学籍变动、毕业资格的审查、考核与管理。学校应根据上级有关规定，制定本校的学籍管理办法，并建立学籍档案"。

近年来，随着高等职业教育学校办学规模的不断扩大，高等职业教育学校教学管理现代化程度不断提高，高等职业教育学校出现了许多新情况和新问题，高等职业教育学校在制定本校学籍管理办法中要注意以下问题。

（1）学生注册制度的改革与管理。学生注册是高等职业教育学校学籍管理最基本的手段之一，要维护注册制度的严肃性，建立严格的学籍注册制度。在注册制度的基础上，结合学校的实际情况，积极探索建立具有高等职业教育特色、适合行业岗位特点要求的以弹性制为基础的教学管理新制度和教学运行新机制，以更好地适应学生与社会对教育教学的多样化需求，不断提高高等职业教育人才培养质量。

（2）课程的必修与选修管理。高等职业教育学校各专业教学计划所设置的课程一般分为必修课和选修课两大类。必修课一般包括公共类必修课、专业类必修课和实践课，必修课缺修任何一门课程或成绩不及格者，都不能毕业；选修课一般包括专业类选修课和公共类选修课，对这两类选修课，高等职业教育学校也要有课程门数限制或学分限制。同时应规定，公共类选修课不能代替专业类选修课学分，但多选本专业的专业类选修课或外专业课程的学分，可抵冲公共类选修课的学分。在此情况下，公共类选修课课程门数或学分应设有最低保证限度。

（二）学生考试考核管理

教育部《高等职业教育学校、高等专科学校和成人高等学校教学管理要点》第21条规定："凡教学计划规定开设的课程都要对学生进行考核。积极改革考核的内容和方法，着重检查学生掌握所学课程的基本理论、基本知识和基本技能的情况和实际应用能力。鼓励采用试题库或试卷库命题，实行教、考分离。要制定严格的考试制度，严肃考试纪律，精心安排考务工作。对考试作弊者，要依据有关规定严肃处理。试卷评阅要认真、公正、客观。教务处要组织对试卷的复核及抽检工作。"高等职业教育学校要根据上级有关规定，加强对学生考试考核的管理。

（三）学生行为规范管理

学生工作是高等教育不可或缺的重要组成部分，在人才培养上发挥着重要作用。对于高等职业教育学校来说，学生工作更是人才培养环节中的重要一环。近年来，随着高校扩招，高等职业教育学校的生源基本素质状况发生大变化，生源素质参差不齐与社会需求标准越来越高的矛盾更加突出，在现实条件下，这对矛盾只能通过加强"招生—培养—就业"学校工作链条中的"培养"环节来解决。在这一环节中，教学工作和学生工作是同等重要、相辅相成的两方面。高等职业教育学校在进行改革和创新人才培养模式、加强学生岗位技术应用能力培养的同时，必须高度重视学生工作建立起完善的规章制度，加强学生行为规范管理，从养成教育入手，通过学生工作对学生实施素质教育。

（1）建立保障制度。规章制度本身具有教育、激励、约束、管理的功能。高等职业教育学校应继续贯彻落实已有的行之有效的管理工作规章制度，如

《普通高等学校学生管理规定》《高等学校行为准则》《中共中央、国务院关于深化教育改革全面推进素质教育的决定》等。与此同时，还要根据国家的法律法规，结合本校的实际情况，建立起适合本校学生特点的保障制度，如日常行为规范管理制度、学生干部管理办法、辅导员管理办法等，使学生的各项活动有章可循、有法可依，树立良好的班风、校风。

（2）建立激励制度。高等职业教育学校学生工作要充分发挥学生的主体作用，体现以人为本的理念，着眼于培养学生"自我教育、自我管理、自我服务"的能力，制定各项学生工作规章制度。提倡学生自我管理，从制度上鼓励学生关心和参加学校的一些管理工作，激励老师从事学生工作，充分调动学生的内在积极性，实现学生工作从以约束为主向以激励为主转变，如制定素质教育实施办法、奖学金评选办法、优秀学生奖励办法、优秀学生工作者奖励办法等。①

案例 4-7

济南工程职业技术学院学生管理②

紧紧围绕"立德树人"根本任务，强化"四个服务"意识，遵循高校思想政治工作三大规律，贯彻高校思政纲要十大育人体系，全面落实全国高校思想政治工作会议、全国教育大会精神，落实好学生管理工作"思想政治教育、行为规范管理、成长成才服务"三大任务，学生管理工作取得明显成效。

建章立制，强化行为规范管理。建设学生管理制度体系和标准体系。以学院章程为核心，涵盖学生管理全过程，完善了《学生综合素质测评办法》等八大类253项管理制度，构建了《学生发展标准》《辅导员五级职业能力标准》等15项标准，使学生言谈不出格，举止不逾矩。加强人文素质教育，打造了以五大模块为重点的"人文课程"、以五星成长为引领的"品牌活动"、以匠心文化为内核的"品质工院"三张名片。提高学生人文素养，塑造完美人格。

---

① 杨为群、董新伟：《高等职业教育学校管理》，东北财经大学出版社2004年版，第254-265页。

② 《全国职业院校学生管理50强案例报告之十三 济南工程职业技术学院》，见http://www.cvae.com.cn/zgzcw/sds/201912/1d003c03d8474e17ab3767a050e907f2.shtml。

五、监督约束制度

（1）明确依法办学、不断提升民主监督意识。不断修改完善"教职工民主管理"及"重大决策管理"制度，把树立全心全意依靠教职工办好学校的思想，保证教职工的主人翁地位放在工作首位。鼓励教职工参与、监督学校行政管理，保障教职工的合法权益。切实实行教代会制度，学校的建设、改革、发展和教育教学服务方面的重大决策，教职工的奖惩办法、评聘方案、工资调整、奖金分配方案、生活福利、住房等重大事项及重要的规章制度必须提交教代会讨论通过，定期对领导干部进行评议，并做出相应决议，全面落实职代会的各项职能。

（2）加强监督机制。学校基于程序透明、信息公开、民主决策、多方监督的原则制定严格和明确的权利行使制度，接受举办者、政府主管部门的监督、校内民主监督及社会监督。学校要指定专门机构监督章程的执行情况，依据章程审查学校内部规章制度、规范性文件，受理对违反章程的管理行为、办学活动的举报和投诉，要建立和落实好涉及师生权利的申诉机制，要通过章程的执行与监督，增强全校师生的法治意识，提高依法治校的水平。健全校内规范性文件制定发布机制，明确起草、审查、决定、公布的程序，明确合法性审查的范围和具体办法。建立校内规范性文件定期清理机制，按照法制统一的原则进行及时修订和清理，编制现行有效的文件清单。推动校内规范性文件管理信息化和公开化，提高管理效率，方便师生查阅。

（3）建立学校信息公开制度。教育部《高等学校信息公开办法》要求，保障教职员工、在校学生和公民、法人、其他组织依法获知学校信息，进一步发展和完善信息公开制度，推进学院民主管理、民主监督，规范办事程序，增强行政决策的透明度，充分利用官方微博、微信等新媒体方式，及时公开信息，加强信息解读，回应师生和社会关切的问题，健全信息公开制度。

（4）健全约束机制，完善问责体系，唤醒教职工的责任意识，激发担当精神。把监督检查、目标考核、责任追究有机结合起来，促进问责公开化，提高问责信服力，提高问责主体的参与程度，保障师生的知情权，提升问责的认可度，实现问责对象、主体、内容和方式的程序化、规范化、制度化，为学校事业的科学发展保驾护航。

广州科技贸易职业学院推进民主管理，充分发挥工会、教代会、学术委员会等组织在学院民主管理中的作用。教职工通过教代会围绕学院中心工作积极投入学院建设,对学院发展积极建言献策,并在工会和教代会定期召开的会议上听取学院工作报告、年度财务预决算报告、提案工作报告、年度工会工作报告和年度工会经费收支情况及预算报告。教代会广泛征求教职工意见建议,学院工会和教代会工作组针对大家关心的相关问题予以答复。通过学院工会活动,加强教职工之间的交流,进一步凝聚教职工力量。同时,学院制定了《学院领导接访日工作方案》,实行每周一次的院领导接待制度,切实转变领导干部作风,密切了党群关系,切实维护师生员工的合法权益。学院推进校务公开工作的常态化和规范化,激发办学活力,让师生看得到、听得懂,切实保障师生员工的知情权、参与权和监督权。学院制定了政务公开工作要点分工方案,确定了公开的具体事项、牵头落实部门、实施步骤、完成时间节点和公开事项的长效机制等。严格落实信息公开的职责,及时公开学院人才培养质量年度报告、学院应届毕业生培养质量评价报告、本年度毕业生就业质量报告和学院年度信息公开年度报告等。这保证了教学改革和管理的公开、公正、透明。

第五章　我国高职院校治理的实践探索

改革开放 40 多年来，我国高等职业教育发展取得了历史性的巨大成就，办学规模逐步扩大，结构体系日趋完善，教学质量不断提升，社会影响逐步扩大，现代职业教育体系逐渐完善，为社会经济发展培养了一大批高素质技术技能型人才。职业教育在提升国民素质、培养技术技能人才、促进实现经济繁荣、社会进步、促进社会和谐等方面发挥着举足轻重的作用。职业教育是我国现代国民教育体系的重要组成部分，是与普通教育同样重要的教育类型。当今时代，无论是发达国家还是发展中国家，无一例外地把发展职业教育看成提升经济、增强国力的发展战略，职业教育和产业发展的结合越来越紧密。在新的历史发展阶段，在提升经济发展实力、实现国家现代化发展目标等方面，高等职业教育担负着重要的责任。而构建现代化的高职教育治理体系，是实现高职教育高质量可持续发展的重要保障。

现代化高职院校治理体系的建立和完善不是一朝一夕的事，需要一代代职教人在实践中不断地探索，加强高职院校治理是高职院校发展的根本保障。改革开放后，高职院校从纵向管理、横向管理等方面全方位地拓展管理空间，在产教融合治理、理事会治理、二级学院治理、混合所有制治理、信息化治理等方面积极探索与实践，取得了一定的实践成效，获得了蓬勃发展。

第一节　产教融合治理

中国特色职业教育是产教深度融合、校企深度合作的职业教育。1991 年《国务院关于大力发展职业技术教育的决定》提出："提倡产教结合、工学结合。"1994 年《国务院关于〈中国教育改革和发展纲要〉的实施意见》提出："职业学校要走产教结合的路子。"1999 年《中共中央国务院关于深化教育改革，全面推进素质教育的决定》明确："职业学校要实行产教结合，鼓励学生在实践中掌握职业技能。"2004 年《教育部等七部门关于进一步加强职业教育工作的若干意见》提出："推动产教融合，加强校企合作。"2014 年《国务院关于加快发展现代职业教育的决定》提出："要建立健全产教融合制度。"研究制定促进校企合作办学有关法规和激励政策，深化产教融合，鼓励行业和企业举办或参与举办职业教育，发挥企业重要办学主体作用。这是在国家层面首次提出建立健全产教融合制度。党的十九大报告指出："深化产教融合、校企合作。"产教融合、校企合作是职业教育基本的办学模式。中共中央印发的《关于深化人才发展体制机制改革的意见》进一步指出，建立产教融合、校企合作的技术技能人才培养模式。创新技术技能人才教育培训模式，促进企业和职业院校成为技术技能人才培养的"双主体"，开展校企联合培养试点。这是党中央、国务院政策文件中首次明确提出职业教育办学"双主体"，具有重要的历史意义和现实意义。随着政策的持续深入推动，《国务院办公厅关于深化产教融合的若干意见》的出台，意味着新时代必将形成产教深度融合，要把产业最先进的元素融入职业教育人才培养全过程，形成校企"双主体"深度合作培养人才的职业教育办学新局面。2019 年教育部、财政部联合印发的《关于实施中国特色高水平高职学校和专业建设计划的意见》提出，高职教育要创新与产业融合发展的运行模式，与行业领先企业在人才培养、技术创新、社会服务、就业创业、文化传承等方面深度合作，形成校企命运共同体。校企命运共同体概念的提出，更深化了高职院校与企业之间相互联系、相互依存的合作关系，从价值认知和发展导向上勾画出了校企共同的未来愿景和使命追求，进一步明确了企业在职业教育办学中的主体地位。办好职业教育是高职院校和企业的共同夙愿，职业教育作为跨越教育界与产业界的跨界教育，必定要有学校与企业的共同参与，需要双方的通力合作，共同发展，从而实现校企共赢。

一、职业院校开展产教融合的意义

（一）有利于整合职业教育办学资源

产教融合有利于集聚各方资源。依托企业、服务企业是高等职业教育的重要特征。校企合作，能汇聚企业资源，如学生实习就业的机会、教师实践锻炼的机会、生产技术与教育教学相融合的机会，这些都是高职院校办学不可或缺的资源。企业需要高职院校的人力支持，也能给高职院校提供更多的发展机会，同时也有利于解决职业院校办学经费不足的问题。我国高职院校的投资主体是地方政府，经费不足是其发展的瓶颈，导致部分职业院校扩招后在校园建设、教学场地、实训设备和师资力量等方面存在不能满足规模扩大后教育教学的需要，进而影响高职院校的教学质量和人才培养水平。产教融合可以有效地利用企事业单位的现有资源，整合校企双方有限的资源，从而促进高职院校可持续发展。

（二）有利于推进高职院校人才培养模式改革

校企深度融合，行业企业参与高职教育人才培养的全过程，共同与高职院校研究制定专业标准以及课程标准，对人才培养方案和人才培养目标、教学计划等把握到位，贴近行业产业的发展水平和职业岗位的需求，从而推进高职院校人才培养模式的改革，逐步实现高职教育人才培养的标准化和规范化，达到提升学生的专业水平和就业质量的目的。

（三）有利于打造"双师素质"师资队伍

大学首要是有大师。高素质的师资队伍是提高高职院校教学质量和人才培养水平的重要保障。通过产教融合，高职院校的教师可以定期以脱产或半脱产形式到企事业单位进行跟岗实践锻炼，及时学习行业企业最新的技术技能标准，很好地弥补岗位能力和实操能力不足的缺陷。同时，企事业单位的能工巧匠和经验丰富的高级管理人员经过适当的教育教学知识岗位培训后，也可以到高职院校进行兼职教学，从而有效解决实践教学师资不足的问题。因此，与企业的深度融合能够为高职院校培养一支具有高素养、高技能的"双师素质"专兼职教师队伍，从而优化师资结构，提高师资整体水平。

（四）有效提升学生的综合素质

在产教融合背景下，高职院校内有真实的工作环境，校外有顶岗实习基地，同时有企业行业的兼职教师，传授的知识与岗位需求实现对接，提升了学生的职业技能。针对目前学生实践能力不足、操作技能不熟的问题，高职院校与企业通过产教融合的方式，使学生能够在真实的生产环境中学习，从而提高学生的实际操作能力，有效地提升学生的综合素养，促使学生尽快向员工角色的转换。通过岗位工作实践，可以增强学生的自我判断力，提升学生的情商，从而帮助学生尽早明确职业定位和岗位方向。产教融合能为学生提供实习实训和工作机会，增强学生对行业的感知、对岗位的体验，帮助学生积累岗位工作经验，使学生更容易被用人单位录用，从而能够提高学生的就业率和就业质量。

（五）有利于提高企业效益和社会声誉

产教融合不但可以促进企业率先在内部进行改革转型，承担起更大的社会责任，还可以为企业提供人才支撑与技术支持，提高企业的效益和社会声誉。职业院校通过人才培养来服务企业。职业院校安排学生直接进入企业进行顶岗实习实训，能够为企事业单位提供高素质劳动者，减少企业的用工成本，提升企业生产能力，达到增效增收的目的。职业院校还通过教师直接服务于企业。运用教师的专业特长，为企事业单位开展员工培训、信息咨询、技术开发、产品设计等，通过产学研，促进教师的科技成果直接向企业转化，带动企事业单位改革创新，增强企业科技实力。[①]

（六）有利于促进社会经济的发展

改革开放以来，我国经济发展取得了举世瞩目的成就，跃居为世界上第二大经济大国，这在一定程度上依靠人口红利。职业教育为经济社会源源不断地输送大批高素质劳动者，通过教育培养大量合格的专业技术技能人才，为经济社会持续健康发展提供强有力支撑。但随着经济方式的转型升级，产业结构的调整，现代产业体系的建立，人才的需求由传统的技术工人向高素质高技能的专门人才转变。而产教融合能够优化人才培养改革，全面提升学生的适应性、创造性和实践能力，实现社会人才数量和质量的双重供需平衡。

二、产教融合的发展

（一）萌芽阶段

中华人民共和国自成立后便开始进行教育革命，直接促进了学校与企业的正规合作。1955年，我国第一次全国技工学校校长会议通过决议，提出要"以生产实习教学为主"。1958年，刘少奇提出应该在全日制教育制度和工厂、机关八小时工作的劳动制度之外，创立半工半读的教育和劳动制度。1958年9

[①] 陈德清、涂华锦、邱远：《高职校企合作体制机制改革与实践》，北京理工大学出版社2016年版，第1—2页。

月,中共中央、国务院正式发出《关于教育工作的指示》,明确了"教育与生产劳动相结合"。这对于改进教育工作具有重要的意义。此后,我国出现了大批半工半读学校,使得学习理论知识与提高实践技能够充分结合,具备了明显的职业教育特征,这是最初的产业和教育的融合。

(二) 转型阶段

党的十一届三中全会的召开揭开了我国改革开放的序幕,我国经济和教育事业开始复苏与全面发展,经济体制改革强调"科技面向经济,经济依靠科学",这为我国校企合作的转型发展注入了新的内涵。1978年,邓小平同志强调我国在进行校企融合过程中要重视创新教育与生产劳动相结合的模式方法。1985年,党中央进一步确立了"教育必须为社会主义建设服务,社会主义建设必须依靠教育"的战略方针。由此看出,国家在此阶段对教育结构进行了调整,倡导学校自主创办企业,同时实施"教学、生产、科研、经营及服务相结合"的培养计划。在转型阶段,我国职业教育产教融合发展既经历了重挫,又得到了恢复和调整。[①]

(三) 发展阶段

从20世纪90年代起,我国职业教育产教融合开始进入真正意义上的发展时期,一方面,国家社会经济的快速发展为学校、企业的生存和发展提供了新的活力;另一方面,我国更加重视校企协同人才培养。我国职业教育产教融合在发展阶段可进一步划分为正式合作期、全面合作期与质量提升期。正式合作期表现为高职院校地位逐渐明确,企业发展逐渐成熟,校企合作开始成为高职教育的一大办学特色,不过,这一时期校企合作"一头热"现象明显,即院校处于主导地位,而企业积极性不高;全面合作期表现为院校与企业联系更加密切,校企合作双方分别从自身发展出发,由育人向产学研全面合作转变,院校与企业逐渐演变为一个协同发展整体,并且政府制定的相关政策更加体现出对校企合作双方形成共赢局面的保障;质量提升期表现为校企合作逐步由外部驱动向内部主动转变,院校和企业逐步走向深度融合,双方逐渐发挥各自的优势和潜能,而进一步提升产学研质量,全面开展产教融合,不断促进职业教育与

---

① 凌守兴、陈家闯等:《演化博弈视角下的高职校企合作生态系统构建》,苏州大学出版社2018年版,第49页。

社会经济互动发展，成为当前国家、高职院校、行业企业达成的共同目标。

（四）创新阶段

进入21世纪以来，职业技术教育承担着培养数以千万计的专门人才的重要职责。2006年《教育部关于全面提高高等职业教育教学质量的若干意见》提出：大力推行工学结合，突出实践能力培养，改革人才培养模式；要积极推行与生产劳动和社会实践相结合的学习模式。2011年《国家中长期教育改革和发展规划纲要（2010—2020年）》首次明确提出"制定促进校企合作办学法规，推进校企合作制度化"。2014年《国务院关于加快发展现代职业教育的决定》首次提出企业要发挥"重要办学主体作用"。2015年，国家发展和改革委员会、教育部、人力资源和社会保障部联合出台了职业教育产教融合发展工程规划项目，以进一步深化职业教育产教融合、校企合作，发挥企业重要主体作用，加快建设现代职业教育体系。2017年12月，国务院办公厅《关于深化产教融合的若干意见》提出校企协同、合作育人原则，要求充分调动企业参与产教融合的积极性和主动性，强化政策引导，鼓励先行先试，促进供需对接和流程再造，构建校企合作长效机制。[①]

三、产教融合的实践探索

在国家大力倡导职业教育产教融合、校企合作的背景下，各高职院校积极寻求与企业的合作，部分企业也加入职业教育的行列，职业院校与企业积极探索共同发展职业教育的路径，推动了职业教育的跨界融合，取得了一定的成效。产业学院是推进产教融合、校企合作的重要手段和有效平台。

广州科技贸易职业学院以现代产业学院建设为抓手，深化产教融合协同育人。学院始终坚持"把学校建在产业园区、把专业建在产业链上"的理念，通过政府指导和市场调节，以缔结理事会章程构建校企利益共同体，形成稳定互惠的协同育人运行机制，促进校企紧密联结，高起点、高质量地推进产业学院建设。不断深化"学生中心"理念，打造了"五创"建设长效治理机制。学校秉持共建共治共赢的原则，统筹各方资源，创建职教联盟，定期创办"四链"

---

① 史伟、杨群、陈志国：《新时期职业教育校企合作办学模式探索》，天津科学技术出版社2018年版，第17页。

衔接的论坛、创设专项及重点课题、创立绩效激励制度、创新党团组织模式。秉承"入园建院、课岗融合"的原则，产业学院通过校企紧密对接，引企入教，加强校企合作，共建实训基地，开展现代学徒制、订单班人才培养，进行创新创业等改革，学生上课如上岗，上岗如上课，在校学习知识的同时，也能直接参与企业的生产实践活动。如此，可实现学生所学的技能与企业的需求无缝衔接，这样的双精准育人，有效推动了教育链、人才链与产业链、创新链"四链"的有机衔接。

重庆建筑科技职业学院以服务经济社会发展和产业升级需求为导向，深化合作办学、合作育人、合作就业、合作发展，创新开展"校企一体化"办学模式、"五个融合"的人才培养模式，构建了"产业学院＋产业研究院＋产业园"三位一体的发展模式，实现校企之间"双向"赋能。依托数字建造、工业机器人、新能源汽车、大数据和虚拟现实技术五大专业群，强化校地、校所、校企、校校之间的合作，建设装配式建筑产业园、智能制造产业园、现代服务业产业园、信息技术产业园、文化创意产业园，构成"环重庆建筑科技职业学院创新生态圈"。

山东商务职业学院"四融合"促"四提升"打造校企合作优质模式。企业设备进校园，实现"校厂融合"，提升学生实训能力；企业技术进校园，实现"专业融合"，提升教师教学水平；企业人才进校园，实现"课程融合"，提升学生岗位能力；企业文化进校园，实现"服务融合"，提升双方合作效益。

四、产教融合存在的问题

（一）对产教融合的认识不到位

部分高职院校在产教融合过程中观念保守，受传统教育模式的影响，教学还是拘泥于课堂上，不放心学生下车间、下现场，过多地强调理论知识的讲授，忽视学生实践动手能力的培养，或者实践学时安排得很少。这种教学模式束缚了学生实践能力的发挥，不利于学生的职业适应性。产教融合的根本目的是实现高职院校与企业互惠共赢，为了长效推进产教融合，企业与高职院校均要遵循平等、互利互惠的原则，使企业在校企合作中收获一定的利益。但在现实中，在落实产教融合的过程中，高职院校以考虑自身利益为主，目的是从校企合作中获取更多的外部资源，并利用外部资源提升学生的综合素质，以实现高质量人才培养的目标，但是忽略了为企业提供专业及技术方面的支持，缺乏对企业的关注，忽略了企业在校企合作中的利益诉求，导致校企合作双方的不平等。也有一些高职院校自身的综合实力较弱，在与企业合作的过程中无法为企业提供高水平的技术服务，不能满足企业发展的需求。

（二）产教融合缺少有力的政策及法律支持

虽然产教融合备受政府、院校、企业、学生、家长和社会的关注，已经成为评价院校和培训成果的重要内容之一，但至今仍没有完备的体制、机制和制度的保障，缺乏统筹规划、统一布局，缺乏强有力的财政和政策支持，缺乏产教融合法律、法规的约束和保障。任何一方都可以在不需要付出太大代价的情况下随意退出合作，给对方造成严重损失。合作的风险性贯穿于合作的全过程，这使校企合作双方顾虑重重。现有法律和法规没有明确规定校企合作双方的权利及义务，使校企合作缺乏稳定性。

（三）产教融合层次不高

现在的校企合作大多是自发性的行为，这些合作大多是短期的、不规范的、靠感情和人脉关系维系的低层次的合作，未能形成统一协调的、自觉的整体行动，合作的成效参差不齐。产教融合靠的是校企领导之间的人情交际。这种以人情关系和奉献精神为纽带的产教融合，不能使企业实质性地参与到职业教育的人才培养中。企业参与产教融合的形式单一，以为高职院校提供实践、实习场所为主，较少参与学校的人才培养方案制订、教材开发、教学改革、教学内容设计等实际教学活动中。校企合作流于形式，缺少深层次的合作，学生无法真正接触企业生产的真实环节。

（四）校企双方的利益难以协调

高职院校与企业之间的长期效益和短期效益难以协调，双方的利益不对等。校企双方的深度合作，收益较为明显的是院校本身及其在校学生。而企业所得到的利益则体现为获得了稳定的人力资本来源。我国大部分企业进入创新驱动转型升级阶段，他们不仅希望能获得人力资源支持，还希望能够在技术攻关、产品开发、职工培训等方面获得支持和帮助。而我国大部分高职院校起步较晚，办学硬件水平低，师资力量还比较弱，还不能很好地发挥科学研究、社会服务的职能，在将科技成果转化为现实生产力、推动企业技术进度和转型升级方面还存在欠缺。

（五）高职院校还不能很好地适应行业企业需求

高职院校的人才培养方案、专业设置、课程内容、教学过程等方面不能密切结合企业需求。高职院校自身合作能力不强，产品研发能力和技术服务能力较弱，无法吸引合作企业。有些职业院校还按照传统的教学模式追求理论的系统性和完整性，缺乏针对性、实践性和职业特色，还没有形成与企业岗位职业能力相对应的独立实践教学体系，学生在校所学的知识和技能与现代企业要求相差甚远，从而导致职业院校毕业生不能达到顶岗实习的要求，不能满足企业岗位的发展需要。

（六）企业参与职业教育发展的动力不足

企业作为市场经济的主体，以盈利为主要经营目标，其参与职业教育发展的动力源自其经营目标。接收学生实习会带来额外的生产成本，有相当部分的企业将参与职业教育视为利益损失，是否参与职业教育的发展，对于企业的投入和收益均不能产生影响。一些企业对产教融合没有深刻、长远的理解，没有把与学校的合作作为一种人力资源的投资。一部分中小企业看不到高职院校是企业技术技能人才的供给站，只是盲目追求经济利益最大化，以致不愿意长期与学校进行深度合作。

五、产教融合遵循的机制

（一）互惠共赢机制

建立长效运转的产教融合机制需要调动校企合作双方的积极性，实现双方互利共赢。高职院校应从战略协同、管理协同、资源协同、技术协同、文化协同等维度架构校企合作的内容（见图5-1）。高职院校需要企业提供场地、资金、设备和师资等方面的支持，企业则需要高职院校输送高素质人才、技术服务，双方相互依存，互惠互利。产教融合中应关注校企双方的利益，以实现双赢为目标，不能强调任何一方的利益而忽视另一方的利益。职业教育需要校企共同参与管理，职业院校在治理中应听取行业企业的意见，在学校的人才培养方案、教学教材建设等重要事项上考虑企业的需求，征求企业的建议。高职院校应主动加强与企业的联系，与企业共同开发课程和教材，使课程的标准对接岗位的标准，使学校专业设置紧密对接企业的岗位要求。同时聘用企业的行家里手担任学校的教师,邀请企业管理者参与职业院校的管理,让企业成为高技能人才培养的主体。

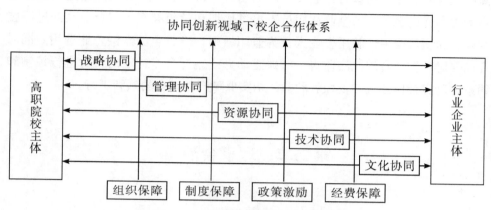

图5-1 互惠共赢的校企合作体系

(二) 制度保障机制

在产教融合的过程中,企业参与职业教育的积极性不高、动力不足,其中最重要的原因就是缺少制度保障。校企双方的合作无论是资源共享,还是利益的平衡,都需要靠一系列规章制度来推动和协调。从这个意义上讲,没有科学完善的制度体系,就无法建立长效的产教融合。应建立实质性的产教融合组织机构,在国家宏观的校企合作法律体系下,根据职业院校和企业的实际情况,因地适宜地制定专门的、有针对性的管理制度和强制性的法律法规,从具体的层面和角度对学校和企业进行规范和管理,解决产教融合过程中存在的普遍问题,确保校企双方共同的利益,为产教融合提供法律保障,使产教融合有法可依、有规可循。

(三) 责任分担机制

建立责任共担的运行约束机制可以避免产教融合流于形式和无序,避免企业在产教融合中懈怠和应付,进而激发校企双方的动力。企业是产教融合所培养人才的最终使用者和受益者,在职业教育产教融合中具有不可推卸的责任,是职业教育的重要主体。企业和职业院校应当制定严密、规范的产教融合协议,明确校企双方的责、权、利。企业的责任包括参与学校发展规划的制定实施,为学校办学目标、人才培养、专业建设、师资队伍、基地建设等提供建议，帮助学校建立实习工厂、实习基地，接收教师企业顶岗实践，接收学生顶岗实习。高职院校的责任包括参与行业发展规划制订，为产业发展和企业的重大决策提供参考和咨询服务，为企业在职员工提供培训和学历教育，与企业共同进行技术开发和项目攻关，聘用企业人员为兼职教师，毕业生优先供企业选用。同时要加强对产教融合的执法监督，对缺乏动力或违背合作约定的行为进行控制和约束，落实合作各方的责任和利益，切实保障产教融合的顺利进行。[①]

第二节　理事会治理

高职院校理事会指高职院校根据面向社会依法自主办学的需要，邀请行业、企业或者政府等多方参与，支持学校发展的咨询、协商、审议与监督机构。理事会成员之间形成资源共享、设备共用、优势互补，形成利益共享、责任共担的多元办学模式。《国家中长期教育改革和发展规划纲要（2010—2020年）》提出："探索建立高等学校理事会或董事会，健全社会支持和监督学校发展的长效机制。"中国特色理事会的建立和发展，将会打破传统的行政管理观念和封闭的办学体制，推动高职院校主动适应经济社会发展需要，打破学校内部自我决策的传统方式，形成利益相关者共同讨论和决定社会公共事业发展的良好治理模式。2014年9月，《普通高等学校理事会规程（试行）》出台。作为高校理事会制度建设和运行的指导性规范文件[②]，其设置的目的在于指导和推动普通高校理事会建设，促使高校进一步健全社会参与机制，加快形成社会支持和监督学校发展的长效机制。目前，我国已有200多所高校相继建立校董会或相应组织，主要有合作型、审议型和决策型三种类型。合作型是指高校与董事单位合作，以寻求更多的社会支持，包括办学资金的支持。审议型是指校董会或理事会对高校的办学方向、发展规划、学科建设、科学研究、科技开发、产业发展等展开咨询、审议、监督、指导。决策型主要是指民办学校和少数公办学校的校董

[①] 郑荣奕：《高职院校促进校企合作的体制机制研究——以广州高校与企业合作促进会为例》，载《广州广播电视大学学报》2017年第6期，第40-43、109页。

[②] 刘彦博、刘世勇、魏海勇等：《高等学校依法治校的理论与实践》，中国地质大学出版社2014年版，第116页。

会或理事会在校长任命和学校重大发展决策上具有决定性作用。①

《国务院关于加快发展现代职业教育的决定》提出,深化政府主导、行业指导、企业参与的职业教育办学体制机制改革,健全外部治理结构,推进现代化高职院校治理体制建设,加强学校与社会的联系和合作,建立健全政府、企业、社会共同支持和监督学校发展的长效机制。理事会的成立,是高等职业院校改革发展的本质要求,是贯彻落实《普通高等学校理事会规程》、增强高职院校与社会的联系与合作的重要途径。理事会作为高职院校完善治理体系的一个组成部分,将有利于广纳各界精英的智慧,丰富学校的办学理念,有利于吸引社会力量支持参与学校的建设和发展,必将促进形成社会支持和监督学校发展的长效机制,促进学校科学、健康、跨越发展,增强学校的办学活力。

一、理事会的定位

在法律依据上,《中华人民共和国高等教育法》规定:"国家举办的高等学校实行中国共产党高等学校基层委员会领导下的校长负责制。"在政策环境上,《普通高等学校理事会规程(试行)》指出:"理事会是由办学相关方面代表参加,支持学校发展的咨询、协商、审议与监督机构。"这充分说明了职业院校理事会的功用与性质。高职院校理事会是社会参与学校办学、扩大学校与社会联系合作的制度平台,是高职院校根据面向社会依法自主办学的需要设立的由办学相关方面代表参加,支持学校发展的咨询、协商、议事与监督机构,是高职院校实现科学决策、民主监督、社会参与的重要治理主体和组织形式。

二、理事会人员结构

理事会中理事的构成应多元化,能更广泛地代表主办者、行业企业、师生等多方面的诉求。《普通高等学校理事会规程(试行)》指出理事会一般应包含以下几方面的代表:学校举办者、主管部门、共建单位代表;学校及职能部门相关负责人,相关学术组织负责人,教师、学生代表;支持学校办学与发展的地方政府、行业组织、企业事业单位和其他社会组织等理事单位代表;杰出校

---

① 《国家中长期教育改革和发展规划纲要(2010—2020)》编写组:《国家中长期教育改革和发展规划纲要(2010—2020 年)》,人民出版社 2010 年版,第 312 页。

友、社会知名人士、国内外知名专家等；学校邀请的其他代表。并且各方面代表在理事会所占的比例应当相对均衡，以利于理事会充分、有效地发挥作用。总之，高职院校理事会由热心高等职业教育、关心和支持学校发展的各级政府部门、行业组织、企业事业单位和学校相关负责人，教师、学生代表，杰出校友、社会知名人士、国内外知名专家等组成。

三、理事会的权利与义务

探索各方的利益共同点，加强政、校、行、企合作。利益相关者理论认为，一个组织获得长期生存和繁荣的最好途径是考虑其所有重要的利益相关者并满足他们的需求。政、校、行、企合作要充分考虑合作主体的利益诉求，努力实现双赢或多赢的目标。借助学校理事会这个平台开展政、校、行、企合作，引企入校，在科技研发、社会培训、文化环境共建等方面进行合作，发挥各自在场地设备、产业规划、经费筹措、先进技术应用、课程开发、师资聘任、实习实训基地建设和吸纳学生就业等方面的优势，实现人才共育、过程共管、成果共享、责任共担。

高职院校应承担的义务，以及其作为其他理事会成员单位享有的权利包括：

（1）优先组织召开专场招聘会，优先向理事会成员单位输送优秀毕业生。

（2）根据理事会成员单位的需要，共同实施"订单式"人才培养。

（3）学校实验实训室面向理事单位开放，为理事会成员单位的新产品开发试验提供方便，并予以优惠。

（4）为理事会成员单位提供科技管理人才及员工培训所需的教师、教材等条件，亦可送教上门，在对方开设教学点或共同开办各类人才培训中心。

（5）积极为理事单位开展科技服务，优先转让科技成果，为理事单位的重大决策提供咨询服务。根据理事会成员单位的实际需要，共同申报研究课题，合作进行科研、科技开发。

（6）聘请有名望和经验的理事会成员单位兼职教授、兼职专业带头人或兼职教师。

（7）对学校发展做出重大贡献的理事单位和个人，学校将邀请相关媒体宣传报道；由理事单位或个人提供资金建设的建筑物或购置的大型仪器设备，可经一定程序后进行冠名或建立永久性纪念物。

（8）理事成员单位的技术和管理人员可根据需要参与由学校承担的科学研

究项目，研究成果形成的知识产权由双方协商共同分享。

（9）理事成员单位使用学校图书、网络等公共教学资源与院内职工享有同等权利。

其他理事单位应承担的义务，以及其作为高职院校享有的权利包括：

（1）为学校的建设和发展提供资金、物质或其他方面的支持。

（2）为学校提供各种信息，促进学校与理事单位及社会进行广泛接触和联系。

（3）优先向学校委托研究课题、科技开发及有偿培训等项目；设立专项奖学金、奖教金；支持学校科技成果转化，发展校办产业。

（4）为学校教学、科研与社会实践活动等提供方便和支持，共建学生实习（实践）基地，接收学校学生顶岗实习，并安排优秀员工对学生进行指导的义务。

（5）有接收教师驻理事单位实践锻炼，并安排参与实际项目研究与操作的义务。

（6）协助学校落实各类毕业生创业、就业工作；配合学校进行毕业生跟踪、企业满意度、就业质量的调研，共同实施校企合作一体化质量控制的义务。

（7）及时推广理事单位优秀管理经验、岗位规范，实现校企合作文化互补的义务。

（8）通过各种形式和途径，宣传学校各方面的成就，扩大学校影响，提高学校声誉，加强校企的合作与交流。

四、理事会运行管理办法

完善理事会运行管理办法，促进理事会工作的规范化和制度化。要依据国家有关法律法规、理事会章程，健全各项工作制度和议事制度，定期召开理事会全体会议、常务理事会、各项专题会议，研究安排理事会工作。明确成员单位职责，发挥社会各方参与、支持职业教育发展的积极性和创造性。要建立学校与企业、行业经常对话机制，构建理事会成员之间产学研互动交流、开放共享、合作联动机制。理事会的职责包括以下几方面。

（1）审议通过理事会章程、章程修订案。

（2）决定理事的增补或者退出。

（3）就学校发展目标、战略规划、专业设置、年度预决算报告、重大改革举措、学校章程拟定或者修订等重大问题进行决策咨询或者参与审议。

（4）参与审议学校开展社会合作、校企合作、协同创新的整体方案及重要协议等，提出咨询建议，支持学校开展社会服务。

（5）研究学校面向社会筹措资金，整合资源的目标、规划等，监督筹措资金的使用。

（6）参与评议学校办学质量，就学校办学特色与教育质量进行评估，提出合理化的建议或者意见。

（7）学校章程规定或者学校委托的其他职能。

五、高职院校理事会建设现状

随着我国多元主体参与高职院校治理诉求的不断高涨，探索建设能适应并促进学校发展的理事会正日益受到高职院校的重视。目前，高职院校建设理事会有学校牵头成立的综合理事会和以某个专业为依托成立的专业理事会两种类型。

（一）学校综合理事会

学校综合理事会指从高职院校学校层面牵头成立理事会，在建构上注重对学院事务的综合统筹和管理。目前我国高职院校的理事会大部分是这种类型。如黑龙江职业学院以"创新办学体制机制、促进校企深度融合"为目标，积极探索"适应产业结构、立足区域经济、瞄准岗位需求、强化技能培养"的校企合作理事会的办学模式，在学院理事会的统领下，校企合作共同开展了大量工作。如明确学院办学定位和人才培养规格、研究专业和课程体系设置、编写工学结合教材和企业培训讲义、建设"校中厂"和"厂中校"、安排教师挂职锻炼和学生实习实训就业、开展职工培训和职业技能鉴定、实行教学质量多元评价、实现信息资源集成共享、组织横向课题研究等。一是建设"校中厂"，建立生产性实训基地；二是建设"厂中校"，建立示范性教学基地；三是能工巧匠进校园，建立企业专家工作站；四是教学骨干进企业，建立教师工作站。黑龙江职业学院是黑龙江省装备制造职教集团和黑龙江省畜牧兽医职教集团的理事长单位。各成员单位遵循"共建共用、共有共享、共生共荣"的原则，开展了大量工作。如积极论证专业设置，明确人才培养规格，制订专业人才培养方案；建设共享型实训基地，协同完成实践教学；构建"双师"结构教学团队，建立兼职教师资源库；联合进行招生，设立企业冠名班，开展订单教育；实施中高职贯通教育，探索建设现代职业教育体系等。

（二）专业理事会

以江苏省常州工程职业技术学院为例，学院为进一步深化教育教学改革，促进产学研结合，分别组建了由政府、行业、企业、学校四方共同组成的焊接、特种设备制造重点专业群建设理事会、化工新材料专业群建设理事会及建筑工程专业群建设理事会，并以此为桥梁，双方在人才培养、资源共享、技术开发应用等领域开展了深化合作与交流，为建立符合行业企业需求的人才培养体系，培养出高素质、强技能、符合行业企业要求的人才提供了条件，对探索形成"人才共育、过程共管、成果共享、责任共担"的合作办学机制起到了积极推动作用；同时融教学、科研、生产于一体，将科技成果转化为现实生产力，为企业的发展提供人力、智力和科技支撑，真正实现了互惠双赢。一是探索建立依托专业建设理事会为管理联合体的"双向平行"管理模式；二是创新管理体制机制、激发促进专业建设理事会管理运行的源动力；三是构建专业建设理事会"互惠双赢"工作体系，完善校企合作管理模式。[①]

第三节 校院两级治理

在"放管服"改革背景下，高职校院深化两级管理体制，提升二级学院治理能力，激发二级学院办学自主性，加快构建高职校院二级学院内部治理模式，显得尤为紧迫和必要。"双高"计划提出要扩大二级学院管理自主权，发展跨专业的教学组织；进一步完善以产业需求为导向、以专业群为单位的教学组织形态，推动高职校院自下而上的内部治理结构的系统改革。高职校院治理的关键在于各二级学院（系部）的有效运行。二级学院作为高职校院的基层教学组织机构，要发挥其办学的积极性，就要推进管理重心下移，给予二级学院更多的办学自主权。在国家"放管服"改革背景下，给予二级学院充分的人事权、

---

① 陆天宇、郑惠虹：《高职院校依托专业建设理事会探索校企合作管理模式的研究与实践》，载《黑龙江科技信息》2013年第3期，第188页。

经费权等权力,是进一步激发二级学院办学活力、凸显二级学院办学特色、提高管理效能的重要举措。

一、推进校院两级治理的必要性

二级学院(系部)是学校下属的内设教学机构,在学校党委和行政部门的领导下,按照学校的要求开展教学、科研和社会服务等活动。二级学院(系部)实行院长(主任)负责制。二级学院作为高校办学的主体,是大学基层学术组织,也是高等教育管理体制中的基本行政层级,承担着人才培养、科学研究、社会服务和文化传承等职能。

校院两级管理模式有利于推动高校教学、科研的顺利开展。对于规模庞大、院系急剧增加的高职院校来说,中间管理的层次与环节的减少,既保证了信息传递的速度与准确度,也减少了非教学人员的配置,节约了资源。因此,应建立权责明晰、层次清楚、制度完善、目标明确和管理严明的管理体系,赋予院级领导及行政部门合法的行政管理权力,避免采取统一的行政措施实行高度集中的垂直控制,充分认识到系部是高职高专院校目标管理的基础,适当下放权力,把系部作为日常管理的实体,使之建立起自我调控的机制,加强协调和信息交流,接受院级及行政部门的管理和指导,有利于精简校级行政管理机构,转变其职能,提高管理效率。[①]

(一)高职院校规模发展的需要

随着我国职业教育政策的大力推进,高等职业教育已经成为高等教育的重要组成部分。近几年来,高职校院充分发挥在国民经济发展中技术技能人才支撑作用,不断实施扩招计划,办学规模逐年扩大,教师和学生的数量增多,管理工作也日益繁杂冗余,上级对管理工作的要求也越来越高,再加上各高职院校基本上以专业或专业群为基础组建了二级学院(系部),原集中在行政部门的一级管理体制效率低,不利于调动二级学院的积极性,影响学院整体管理效益,需要对传统的行政管理方式进行改革。将管理的重心下移至二级学院,发挥二级学院的主观能动性,使二级学院成为管理的中心,能有效化解学校层面

---

① 平若媛、龙洋、白地动:《财经类高等职业教育工学结合人才培养模式探索与实践》,北京邮电大学出版社2013年版,第156页。

因管理幅度过大而导致的管理事务过于繁重、效率低下等问题,还将校级层面管理者从日常琐碎的管理事务中解放出来,使校级管理者能够集中精力思考和处理学校总体层面的发展事宜,从而确保学校治理的高效性。

(二) 适应市场化经济发展要求

在教育产业化的大潮中,高职校院在办学中既追求社会效益,也考虑经济效益;既遵循教育规律,也遵循市场规律。高职校院在坚持教育公益性、事业性的同时引入产业运作机制也是必然的。高职院校管理的功能就是合理配置、充分利用办学资源并为教学科研等服务。实行校院两级管理就是使办学资源配置的主体从学校向院、系、部转变,资源配置方式由"计划性"向"市场性"转变,使资源配置与教育活动充分结合起来。二级学院由于学校管理重心的下移,在教学、科研、建设、师资队伍建设、学生管理等方面享有较大的决策权以及相应的人权、事权、财权,二级学院合理配置和利用资源的主动性、积极性和创造性都将得到充分发挥,二级学院真正成为相对独立的办学实体。[①]

(三) 充分调动教师的积极性和主动性

管理说到底是人的管理,人的因素是实施管理的第一要素。教师是二级学院建设的主力军,而二级学院又是学校发展的基础和主要依托。校院两级管理就是要用二级学院的发展愿景激励和影响每一位教职员工,使大家对二级学院有认同感、归属感,认识到二级学院的发展与自身的发展、自身的利益息息相关。实行校院两级管理后,二级学院拥有了一定的人事管理权限、经济管理权限,学校对二级学院实施经费包干制,将大部分经费根据二级学院的办学规模、专业特点、教学科研业绩等情况划拨给各二级学院,由各二级学院自行管理和分配。二级学院可以根据经费情况有重点、有目标地制定和实现其发展目标,逐渐形成相对独立的办学实体,改变不同专业、岗位和绩效的校内津贴分配上的"大锅饭"的状况,使其真正成为二级学院实施激励机制的杠杆。实行校院两级管理有助于二级学院树立教育成本的观念,精打细算,开源节流,提高资金和教育资源的使用效益,使学校成为真正的节约型校园。另外,经济上的相对独立性,使二级学院有更迫切的求生意识和发展意识,积极主动地为社会经

---

① 张立钦:《改革·探索·创新·发展:浙江林学院教育教学改革论文集》,中国科学技术出版社2007年版,第122页。

济服务，促进产学研同步发展。①

（四）有利于发挥人才培养特色

高职院校规模大、专业多，各专业间存在很大差异，这就要求高职院校在人才培养上不断探索实践，培养出具有特色性和针对性的技术技能型人才。学校层面的培养深度不够，要依托两级管理模式，将责任下放到二级学院，赋予二级学院权力，由二级学院对接产业链需求，调整人才培养模式，合理设置培养目标，及时调整教学计划和课程内容以符合市场发展的需求，培养宽口径人才，提高高职院校毕业生就业能力，推进高职院校真正做到产教融合、开放创新，使高职院校能够真正培养出特色鲜明的高素质人才。②

二、校院两级治理的现状

二级学院管理改变了原有科层式的一级组织管理模式，构建了学校、职能部门与二级学院纵横交错的党政组织与学术组织结构，建立了学校宏观调控、二级学院自主管理的模式和运行机制，健全了二级党委（总支）以及基层党支部等机构和组织体系，二级学院的独立运行架构开始建立。实行两级管理之后，校院各司其职，权责相称。学校层面的工作职能侧重于目标管理与考核监督，学校校级层面重点在于制订和组织执行学校发展规划、研究与制定学校制度、宏观调控以及组织考核评估等。二级学院在教学安排、科研服务、师资聘任、经费使用方面有了较大的自主决策权，负责编制、审核课程执行计划，负责组织安排和落实教学任务以及科研、社会服务等事项，并享有一定的权限。目前，大部分高职院校开始积极探索有效的校院两级管理运行机制，并取得了一定的成效。

苏州工艺美术职业技术学院推进重心下移的两级管理体制改革，理顺院系两级权责关系。深化两级管理体制改革，推进小行政、大系部改革，根据以事分权、以权定责的原则，构建起基于管理重心下移的治理体系，厘清学院与系部的职责边界，形成责任明确、决策科学、管理规范、权责统一、有效监督的

---

① 张立钦：《改革·探索·创新·发展：浙江林学院教育教学改革论文集》，中国科学技术出版社2007年版，第122页。

② 陈丽华：《地方高职院校院系两级管理的研究》，载《江西电力职业技术学院学报》2019年第5期，第97－98页。

运行机制。在学校层面，做好顶层设计、宏观指导和协调监督，以规章制度为保障，对二级院系发展实施目标管理。进一步加强事权、人权、财权"三权"下放力度，激发二级院系办学活力。在二级院系层面，切实履行党政共同负责制，开好每周一次的党政联席会，明确党政联席会的议题必须切实做到由党政主要负责人协商确定；修订了《学院系部党政共同负责制实施办法》，制定了《学院系部党政联席会议事规则》。学院层面牵头制定了《学院系部重要会议规范管理指导意见》，并统一制作《学院系部党政联席会会议记录本》下发至各基层单位，督促做好会议记录与整理工作，并于每学年年末开展检查。①

济南职业学院用好用活"五权下放"等政策红利，通过落实机构和专业设置权、自主招聘工作人员和引进高层次人才、自主分配内部薪酬等，进一步扩大了二级院系在专业设置、人事管理、绩效分配、人才培养等方面的自主权，制定了《校院二级管理实施办法》，在人事管理、财务管理、教学管理、科研管理、社会服务、学生管理、资产管理、就业创业工作、安全教育管理等方面明确了二级院系的主要权限及职责。在放开二级院系自主评聘中级技术职务"人权"的基础上，落实绩效工资自主分配的"财权"，由各二级院系自行制定分配方案，按院系实际自主分配。不断提升二级院系治理水平，制定了院系党总支会议和党政联席会议议事制度并进行了督导检查，着手健全院系治理平台，为深化两级管理改革奠定基础。

广州科技贸易职业学院推进两级管理进一步落地，促进人才培养工作更具活力。为深化学院内部管理体制改革，提高资源利用效率，逐步建立"统一领导，分级管理"的管理体制，提高学院管理水平，依照按级负责、分层管理的原则，降低管理重心，强化激励机制，实行党委领导下的两级管理。学院管理重心下移至二级学院。二级学院在学校总体调控和监督评估下承担明确的责任和义务，享有相应的权力和利益，逐步成为充满活力，集教学、科研、行政、学生管理等工作于一体的组织机构，更好地推进人才培养工作的不断深入发展。贯彻落实"放管服"的精神，开展以推进院系两级管理、下放办学自主权为核心的二级学院试点改革，探索实施两级管理模式，成效初显。根据《学院两级管理暂行办法》，学校制定了《二级学院（部）党政联席会议制度暂行办法》《二级学院（部）运行经费审批权限暂行办法》《二级学院（部）党组织会议

---

① 沈小雯：《高职院校内部治理机制改革研究——以苏州工艺美术职业技术学院为例》，载《湖北开放职业学院学报》2019 年第 22 期，第 46—47 页。

议事规则》，进一步规范了二级学院的管理，推动学校两级管理制度的落实。还制定了《二级学院（部）办公室主任管理办法》，将二级学院办公室主任选拔方案的制定、面试测评以及拟聘人选的提出等权力下放到二级学院，提高二级学院的办学积极性和办学自主权。

三、校院两级治理存在的问题

受传统办学思想的影响以及现实教育政策、管理制度、办学条件等方面的制约，大多数高职院校在校院两级管理方面还处在初步探索阶段，学校与二级学院的责、权、利还没有完全理顺，存在运行机制不顺畅、执行力度不够强以及企业参与不积极等问题。

（一）校院两级管理权责划分不够合理

二级学院（系部）被赋予的事权与所掌握的财权、人事权不匹配，办学重心偏向学校层面，二级学院（系部）没有真正成为办学实体，这直接影响了二级学院（系部）办学的积极性和主动性。绝大多数高职院校在实际工作中还没有完全摆脱校一级管理的运行模式，相应的管理权限仍掌握在学校及职能部门手中，学院之间的竞争从某种角度看还停留在对学校主要领导的依赖上。管理重心没有真正下移，二级学院（系部）只能被动地执行任务，造成学校与二级学院（系部）的权、责、利分离。许多高职院校尚未建立与校院两级管理相匹配的内部管理体制，使二级学院（系部）的功能没有充分发挥，造成二级管理的低效运行。在二级学院（系部）层面，内部管理运行依赖于院长的个人权威，党政联席会议、二级学院学术委员会、专业委员会等组织议事制度形同虚设，基层党组织不能有效参与管理，二级教代会等参政议政、民主监督工作有待加强。[①]

（二）目标与责任不明确

高职院校在实施两级管理时对二级学院与学院领导个人的聘期目标任务不够清晰具体，主要建设工作任务责任主体不明确，评价的内容和方式不够科学。

---

① 苏志刚：《高职院校现代治理架构下的二级管理现状与思考》，载《职教论坛》2020年第4期，第138-142页。

一直以来，人、财、物等资源由相应的机关职能处室管理着、把控着，二级学院（系部）只能是做好日常管理工作，按照各职能部门的要求来做，二级学院的发展缺少战略目标，没有长远规划、整体战略，没有承担起管理的主体责任，影响了高职院校办学效果的提高。

（三）绩效与激励不足

对二级学院（系部）的绩效考核存在大锅饭现象，没能体现多劳多得，干多干少一个样，二级学院（系部）绩效按人头平均分配，教学、科研、社会服务和管理岗位的激励体系不够健全，没能体现绩效的激励作用，影响了二级学院办学的积极性和能动性。

（四）二级院系运行体系不科学

泛行政化倾向对二级学院（系部）的影响较大，一些二级学院（系部）负责人或因忙于繁杂的事务性工作缺乏对院系治理的前瞻性制度准备，或因对于政治、行政、学术、学生、社会等各种权力合理运行认识不足，或因担心实行新的制度变革会带来新的矛盾与问题而止步不前，不敢创新，以二级学院的安稳运行为目标，维持学院建设的现状，不愿改革。由此导致二级学院（系部）党政关系不顺、学术权力弱小、学生权力虚无现象严重，总体运行不畅。①

第四节 混合所有制治理

混合所有制是指将多种所有制成分结合在一起形成的所有制形式。狭义的混合所有制是指不同所有制成分形成的企业所有制形态，即混合所有制企业。党的十八届三中全会提出大力发展混合所有制经济，允许更多国有经济和其他所有制经济发展成为混合所有制经济，并将混合所有制经济作为基本经济制度的重要实现形式，引起社会各界广泛关注。在此背景下，2014年国务院《关于加快发展现代职业教育的决定》中指出，"探索发展股份制、混合所有制职业

---

① 周君明、刘丽华：《论高职院校二级管理体制的运行》，载《智库时代》2018年第7期，第141—142页。

院校"。2016年12月，国务院发布了《关于鼓励社会力量兴办教育促进民办教育健康发展的若干意见》，进一步强调通过多种途径探索举办混合所有制职业院校。2017年12月，国务院《关于深化产教融合的若干意见》中强调了"企业在职业教育中的重要主体作用，鼓励有条件的地区探索推进职业学校股份制、混合所有制改革"。这是所有制结构由经济领域逐渐向教育领域渗透的表现，是深化职业教育所有制改革的重大创新和重要部署。2019年1月，国务院正式发布的《国家职业教育改革实施方案》（职教20条）明确鼓励发展股份制、混合所有制等职业院校。职业院校"混合所有制"一经提出就吸引了广泛关注。

在国家政策的指引下，各地区积极探索职业院校混合所有制改革，出台了本地职业院校混合所有制实施办法。2020年，山东省教育厅等14部门出台了《关于推进职业院校混合所有制办学的指导意见（试行）》，这是全国首个职业院校混合所有制办学政策文件，文件将散见于各个法律法规及政策制度中的"碎片化"混合所有制政策进行系统集成，为基层实践提供了混改路径、"操作指南"和"政策清单"。2021年，江西省15部门联合印发《关于推进职业院校混合所有制办学的指导意见（试行）》，提出建立容错纠错机制，支持、鼓励职业院校积极探索校企合作、产教融合的新模式，明确了职业院校混合所有制的办学形式、设立要求、办学管理、支持政策。2022年，辽宁省教育厅等13部门印发《关于推进职业院校混合所有制办学的指导意见》，推动职业院校办学体制创新，鼓励支持企业参与合作。

一、推行混合所有制改革的意义

（一）优化高职教育治理结构

目前，我国的高等职业教育体系以政府办学为主，公办高职院校在高职院校中占了绝大多数，民办和企业办的高职院校比较少。在这种职业教育管理体制下，职业教育的资源配置主要由政府通过政策、法规等指令性计划对整个职业教育进行管理控制，高职院校按照国家或主管部门的统一部署开展招生计划、专业课程设置、经费来源、教学研究和后勤管理等，这种管理体制的弊端就是削弱了职业教育与社会和市场的联系，不能对社会的变化快速地做出回应。全面推广高职教育的混合所有制办学改革，将改变政府部门垄断高职教育的办学格局，能够激发社会各类市场主体注入社会资本参与高职院校办学的活力，进一步提高资源的配置效率。

（二）提升利益相关者的办学积极性

利益相关者原是经济活动和企业管理中的一个重要概念。它的最大贡献在于提醒公司应该更多地关注股东以外的其他利益主体的利益，以保证实现公司价值的最大化。与高职院校办学相关的政府部门、企业行业、学生家长以及院校内部的管理者、教师、学生等都是高职院校的重要利益相关者，高职院校要想获得蓬勃的发展，就需要充分调动各相关利益主体的积极性和主动性，促进利益相关者有效合作，实现共同承担职业教育的社会责任。高职院校实行混合所有制，就是对政府、学校、行业、企业等相关办学主体的利益进行合理配置协调，确保各主体利益的最大化。通过混合所有制办学改革，高职院校可以建立现代化的职业教育管理体系，实施政校分开，降低对于政府的过度依赖，有效激发办学活力。

（三）拓宽了高职院校办学经费的来源渠道

国家教育部门实施混合所有制办学改革，通过政策引导和市场参与，有效引入社会资源，建立吸引社会资源投入职业教育的运行机制，调动更多的社会资本参与高职教育的办学领域，激发市场活力。通过高职院校治理结构的调整、教学资源的融合、利益分配机制的完善等方式，建立起一种全新的高职院校办学模式，可以进一步拓宽高职院校办学经费的来源渠道，减轻国家教育管理部门的负担，提高利益相关方对高职教育办学的参与度，优化相关专业和课程设置的结构，促进学校人才培养与市场需求的精准对接。[①]

二、高职院校推行混合所有制改革的实践

职业院校混合所有制可以分为两种层次上的混合，即"大混合"和"小混合"。所谓"大混合"指的是高校法人层面的混合，即高职院校的创办主体有国有资本与集体资本、私有资本、外资三种资本中的一种或者几种，是整个学校层面的体制混合。而"小混合"则指的是学校内部二级办学机构层面或具体项目层面的混合。

---

① 冯朝军、杨梅：《我国高职院校混合所有制办学的主要模式研究》，载《江苏高职教育》2020年第12期，第27-34页。

第一种是学校层面的混合，由多个组织、企业或个人投资参与兴办，这类混合所有制是一种特殊的股份制，这种新型股份制是由国有资本、集体资本和其他非公有资本共同出资组建高职院校的办学模式，其显著特点是在办学改革过程中必须有国有资本的参与。具体实施是可以通过在已有的公办院校基础上吸收企业和社会资本，可以在民办院校的基础上吸收国有资本，也可以通过国有资本和集体资本或其他非公有资本共同出资兴办新的高职院校，还可以通过国有资本和其他非公有资本密切合作新办高职院校，或者通过委托管理、员工持股计划等多种模式加以实现。① 这种在校级层面开展混合所有制的比较少，如最早的苏州工业园区职业技术学院，随后出现的这类院校有山东海事职业学院、海南职业技术学院、广西理工职业技术学院等。

苏州工业园区职业技术学院是由苏州工业园区管委会、苏州市教育局、苏州市人社局和中新苏州工业园区开发有限公司出资创建的我国第一所混合所有制职业院校。该学院实行董事会领导下的院长负责制，现代法人治理结构，学院、股东、董事等各组成部分密切地结合在一起进行合作，分工明确。学院坚持在非营利框架下进行运作，无论是政府、董事还是相关合作方，都不以追求经济利益回报为目的。学院通过股份制的财产组织形式，将不同形式、种类的资本组合在一起，形成资本集聚，充分发挥社会资本在办学过程中的力量。学院在混合所有制的办学过程中，既具有公办院校办学规范、社会信任度高、生源好等优势，同时也具有民办院校体制机制灵活、办学自由度高、充满生机和活力等优势。学校对产权开展了多方办学主体共同认可的资产评估，并在举办者变更中实现了"流转顺畅"的基本要求。法人治理突破了"股东利益至上"的治理模式，更趋向于"利益相关者至上"的结构，其标志性特点为董事成员数量众多、类别分明、代表性广泛。学院通过市场化实现学院资源和要素的优化配置，有效地保证了人才培养质量的稳定与提高。②

如山东海事职业学院，它是由潍坊市政府主导举办、社会力量参与举办的山东省首所理工类混合所有制普通高职专科院校。学校坚持"公办高校、混合体制、民营机制"的改革发展定位，通过整合政府、国企、学校三方资源——滨海区管委会占41%、山东水利发展集团有限公司占49%、潍坊市教育投资集

---

① 冯朝军、杨梅：《我国高职院校混合所有制办学的主要模式研究》，载《江苏高职教育》2020年第12期，第27-34页。

② 刘慧平：《混合所有制改革在高职院校的探索与实践——以苏州工业园区职业技术学院为例》，载《现代职业教育》2018年第34期，第90-91页。

团有限公司占 10%，率先开展混合所有制办学探索。以政府投入少量财政资金撬动大量社会资本，学院先后吸纳国有和非公有资本 8 亿元参与基础建设、学校管理。2016 年，学院被山东省教育厅认定为混合所有制办学试点单位，2018 年 1 月发起组建了全国职业教育混合所有制办学研究联盟。学校混合所有制办学体制为各种资源进入职业教育搭建了平台，激发了办学活力，形成了"大混套小混"的创新发展新局面，形成党委领导、董事会决策、监事会监督、校长负责、专家办学、教授治学的现代法人治理结构，将各利益相关方纳入治理体系，实现共治共享。

第二种是二级学院下混合所有制办学，这种模式一般是指由高职院校与企业以及其他组织机构或个人共同出资，高职院校领导、高职院校下属部门负责具体管理。在公办高职院校内部组建的混合所有制二级学院，可以是学校内部的二级教学部门，也可以是学校内部的实习实训基地、工程技术中心、研发机构或者实验室等。在实践中，可以由公办高职院校与行业企业、社会团体等组织共同出资来组建混合所有制二级学院或其他二级机构，该模式也叫混合所有制中的"小混合"形式。高职院校通过混合所有制二级学院的组建和实施，进一步做强学校的特色专业，降低学校自身的办学成本，拓展办学空间，以小博大，借助杠杆效应提高办学资源的利用效率。[①]

如南京旅游职业学院混合所有乘务学院。南京旅游职业学院为激发办学活力，突破传统校企合作模式的桎梏，2016 年与金通等公司共同组建了混合所有制的乘务学院，企业方以资本技术知识、管理等多种形式参与办学，通过几年的探索与实践，行业、教育、人才等资源得到优化配置，形成了"五化"一体的运行模式，构建了适应现代职业教育体系的多元办学机制，打开了专业建设新局面，开创了校企合作新格局。一是资本构成多元化，校方提供办学场地、教学资源、师资等，企业方提供资金、设备及企业师资，政府部门、学校、企业各方以资本、技术知识、管理等多种形式参与办学并享有相应的权力。二是管理模式现代化，实行理事会领导下的院长负责制，校方担任理事长，企业方担任副理事长，校企双方教师合署办公，统一管理、统一考核。三是文化融合一体化，促进了校园环境和企业环境的融合。四是培养模式"三全化"。五是

---

① 冯朝军、杨梅：《我国高职院校混合所有制办学的主要模式研究》，载《江苏高职教育》2020 年第 12 期，第 27－34 页。

社会服务品牌化。①

陕西工商职业学院选择实力雄厚的合作企业，以专业群为单位，分别建立公私联办、共同管理、利益共享、风险同担的"小混合"二级学院。学院以提供的场地、设施设备、人员、管理等要素作价入股，企业以投入的资金、技术、设备和管理条件等作价入股，明确股权比例，各自承担相应的办学和治理主体责任。学院形成"人才共育、过程共管、成果共享、责任共担"的产教深度融合的办学体制，实现了"企业得人才，学校得发展"的共赢目标。一是管理体制方面，实行理事会管理模式。成立理事会，制定《理事会章程》。完善管理制度与运行程序，依靠制度和程序来推动工作。二是完善师资团队互融机制，具有丰富实践经验的企业人员与学院专业教师共同组成教学团队，共同策划与实施教学。三是形成"工学结合"教学模式，将学生的思想政治教育融入教学和生产实践各环节，通过创新驱动激发学生的职业兴趣和职业精神。四是建立长效激励机制，制定科学的管理考核办法，健全薪酬制度，保障产教融合员工的基本权益。②

三、推行混合所有制改革的困境

（一）认识不到位

理解不够到位，会导致对混合所有办学体制的改革价值认识不够深刻，在实际操作的架构上不够合理。混合所有制办学是新兴的事物，我国对混合所有制办学从不同角度进行了理论探讨，但没有形成统一的认识。各投资主体对混合所有制的管理体制、产权归属、法人属性等界定不清，各出资人无法行使有效的权限。引入市场竞争机制探索混合所有制办学，高职院校担心原有福利待遇、事业单位属性、养老退休等方面无法得到保障，领导层担心行政职务变动，害怕国有资产流失而受到法律制裁，同时教职员工害怕混改后影响稳定工作，有后顾之忧。③

---

① 霍艳杰：《高职院校二级学院混合所有制办学探索与实践——以南京旅游职业学院为例》，载《现代职业教育》2020年第12期，第152-153页。

② 梁文侠：《高职院校混合所有制办学模式探究》，载《陕西教育（高教）》2020年第7期，第9-10页。

③ 罗巧花：《高职院校混合所有制办学路径改革探析——以闽西高职院校为例》，载《成都中医药大学学报（教育科学版）》2020年第6期，第73-75页。

（二）利益难以统一

"混合所有制"概念在职业教育领域的运用来源于 2014 年《国务院关于加快发展现代职业教育的决定》的发布，此后全国各地高职院校纷纷开始探索混合所有制改革。大部分高职院校的混合所有制改革停留于高职院校内部的"小混合"层次，如校企合作共同开发课程教材、共建实习实训基地、共建师资队伍等，或只有形式上的挂牌，没有真正意义上的运转。我国的传统观念始终强调教育事业的公益性质，职业教育同样以育人为最根本目标。然而，混合所有制改革的核心在于产权结构及其治理机制的变革，企业作为法人主体之一，必然要求其权利得到可靠保障，要求其投资获得合理回报。此时，教育公益性与资本逐利性之间的碰撞摩擦凸显出来。企业方担心投入资本过多，却不能按照其投资需求来经营管理，最终得不偿失。高职院校尤其是公办高职院校害怕国有资产流失，教职工担心学校产权改革后自己国家事业单位的身份和福利待遇会受到影响。职业院校属性不同、隶属各一，在混合制和单一的股份制构架和改造中，产权的拥有者具有绝对的法理主导权，即地方政府方和社会资本方。鉴于股份制、混合制实质性合作是校企合作的高级形式，院校经营方是积极主动的，但却没有资产的处理权（参股决策权），只能采取模糊策略以混合体的形式处理，这就容易造成产权不清、责任不清，难以形成整体合力的弊端。

（三）政策法规缺席缺位

国家在宏观层面引导和鼓励非公有制经济与职业教育进行融合，为职业教育的改革发展指明了新方向，在职业教育发展史上具有里程碑式的意义。然而，发展混合所有制职业院校的表述虽多次见诸《国务院关于加快发展现代职业教育的决定》《教育部等七部门关于进一步加强职业教育工作的若干意见》等政府文件中，但未上升到法律层面，《中华人民共和国教育法》《中华人民共和国高等教育法》《中华人民共和国职业教育法》等具有权威性的法律文献中尚没有混合所有制的提法，推进高职院校混合所有制改革缺少法律遵循，甚至存在一些与现行教育法律法规不相适应的地方。现阶段在国家和省级层面也没有出台具有可操作性的政策依据，导致高职院校在进行混合所有制改革时难免无所适从。比如，对公办院校事业单位性质改革后身份如何定位，如何进行资产的评估、合并及转让，如何解决非公有制经济追求资本的效益最大化与公办院校"任何组织和个人不得以营利为目的举办学校及其他教育机构"法律规定之间的矛盾性等问题，目前都没有相应的官方政策予以有效指导。此外，混合所有制改革在运行规范、权益保护、考核监督等方面缺乏配套制度，只能停留在表面而难以达到深度融合、深度合作的层次。①

四、混合所有制改革的方向

政府部门通过计划方式配置职业院校资源，行政干预多，体制机制障碍严重削弱了公办职业院校的发展活力。此体制极大地降低了公办职业院校的经营管理效率，加大了参与混合所有制职业院校发展的难度和阻力。企业与学校运作模式不一致是改革要解决的根本问题。高职院校作为公益性事业单位，不以盈利为目的，向社会提供公共产品和服务，而企业作为营利性组织，以追求利润的最大化为目的，两种不同的价值取向必然引发不同的利益冲突。如何协调两者的利益，实现校企目标融合，是混合所有制要解决的根本问题。

(一) 加强政府的顶层设计

由教育部、财政部、人力资源和社会保障部、发改委等有关部门联合颁发有关职业院校开展混合所有制改革的实施意见。政府要正确界定混合所有制职业院校的办学性质，明确办学基本制度和原则。鼓励高职院校开展混合所有制改革试点，确保产权调整后的混合所有制高职院校仍坚持社会主义办学方向。建议公办高职院校混合所有制改制后教职工仍享受公办院校的待遇。支持企业行业等社会资本参与职业教育办学，对参与职业教育办学的企业给予税收优惠等鼓励政策。

(二) 优化高职院校的治理结构

健全依法办学和自主管理的现代化法人治理结构，是高职院校可持续发展的重要保障，也是探索混合所有制办学的基础条件。只有建立法制化和现代化的治理体系，社会力量才能依法支持和参与高职院校的办学。要建立健全党委统一领导、党政分工合作、协调运行的工作机制，完善民主管理、民主监督机制，完善教职工代表大会在重大决策、教师自我管理等方面的重要作用。探索

---

① 许进军、周婷婷：《高职院校混合所有制办学的探索与反思》，载《职业技术教育》2020 年第 2 期，第 12 – 15 页。

由政府相关部门、校企双方的行政领导、行业协会、企业家和知名专家学者、教师学生代表、毕业生代表等组成的具有特色的校企合作发展理事会。明确理事会在院校治理结构中的作用、职能，完善其为高职院校事业发展进行咨询、协商、审议与监督的工作机制，增强学校与社会的联系、合作。

（三）明晰职业院校的产权

全面落实高职院校的法人地位，使之能够有效地按照市场化方式运作，就要明确高职院校的产权。产权即财产权利，包括财产的所有权和由所有权派生出来的占有权、支配权、使用权和收益权。产权具有可分解性，即通过实行产权重组、分解、委托代理等，使国有职业教育资源可以产生多种运作方式，从而提高职业教育资源的运作效率。因此，职业院校市场化运作必须明确产权。产权的界定、归属、流转和保护是发展混合所有制的焦点问题。要重视高职院校的产权界定工作，依法保护混合所有制高职院校出资人的产权权益。健全混合所有制高职院校资产清算、评估定价、转让交易等产权流转程序。合理确定院校资产价格，依托专业化中介机构提供资产评估、融资和风险管理等服务，借助市场化定价手段，完善资产定价机制，保障高职院校国有资产的保值增值。

（四）完善职业教育的法律法规

调动社会上的各类资本参与混合所有制高职院校的办学积极性，就需要修订和完善有利于混合所有制发展的法律法规，保障出资人的合法权益。清理不适应混合所有制发展的条文，取消对公办高职院校探索混合所有制不合理的干预的规章制度，以化解法律方面的矛盾，确保法律规定的规范性和一致性。加快制定混合所有制职业教育相关的政策法规，明确混合所有制职业院校的法律地位、法人属性、运行机制、治理结构、产权保护、监管方式和退出机制等，形成保障职业院校混合所有制发展的法律法规体系。[①]

---

① 郑荣奕、陈伟：《高职院校混合所有制改革的反思与建构》，载《高教探索》2018年第8期，第87-91页。

第五节　信息化治理

　　现代信息技术的发展，深刻地影响了我们生活的方方面面，也给教育体制改革带来了变革。教育信息化是教育现代化的基本内涵和显著特征，国家也越来越重视现代信息技术在教育中的运用。"双高"计划提出运用现代信息技术进行院校治理，将信息技术和智能技术深度融入教育教学和管理服务全过程，建设智慧化的校园。2021年《教育部关于加强新时代教育管理信息化工作的通知》中提出："以数据为驱动力，利用新一代信息技术提升教育管理数字化、网络化、智能化水平，以信息化支撑教育治理体系和治理能力现代化。到2025年，新时代教育管理信息化制度体系基本形成，信息系统实现优化整合。"

　　教育技术将有助于提升创新创业人才培养和实践活动中的跨时空服务能力。传统的科层制管理，行政指令需要一级传达一级，再加上缺少信息技术的应用，信息化平台建设不全面，信息的传递、处理、沟通较慢，因而治理的效率比较低。信息化时代，网络技术日新月异，在高职院校治理中充分运用现代信息技术，能够方便信息的沟通、消息的及时传达，实现信息的公开透明，极大地降低管理的成本，从而有利于提高治理的效能。充分运用现代信息技术手段来加强高职院校治理，推进治理的信息化水平建设，构建智慧校园，是职业教育现代化的重要标志。现代信息技术能够推动高职院校治理方式变革，促进决策的科学性和准确性，实现校内资源的合理配置。同时，以现代信息技术推进治理是高职院校自身发展的需要。推进高职院校治理信息化需要健全信息化建设机制、构建共享的信息化系统、合理设置高职院校管理流程、提升教职工信息技能、加强网络道德教育。

一、现代信息技术对高职院校治理的影响

（一）推动高职院校治理方式变革

　　信息技术进入高职院校的治理体系，改变了学校的治理模式、治理思想和治理体制。利用人工智能技术改变组织结构和治理体制，优化运行机制和服务模式，实现校园精细化管理和个性化服务，可以全面提升学校治理水平。对于

高职院校治理面临的部门职责不清、个人权责不对称、资源管理背景不清、考核管理制度不落实等问题，信息化建设可以提供阻力最小的解决路径。数据支持、开发和共享、资源整合、互联等方式，能帮助学校建立共享、开放和透明的治理环境。现代信息技术可以明确界定高职院校不同治理主体的权责划分，有效解决传统教育治理过程中的缺位和越位问题。通过信息技术支撑的业务流程重组过程，可以充分发挥高职院校各治理主体的作用。

（二）促进决策的科学性和准确性

随着信息技术的引入，数据在管理中的重要性变得更加突出。利用数据发现、分析和解决问题，借助数据报告、在线分析和处理、基准分析、数据挖掘等，有利于决策的科学性和准确性。随着信息时代的到来，丰富多样的学习平台、交互软件等数据采集软件的出现，为高职院校科学决策提供了有效途径。领导在做相关决策时，可以对网络信息系统中的数据进行分析，从而做出更科学、更先进的决策。通过对高职院校产生的海量数据的深度挖掘，高职院校的决策模式将从传统的经验管理转变为以数据驱动的科学、精确的决策模式。

（三）实现校内资源的合理配置

高职院校传统的管理和资源配置模式需要大量的人力资源，耗费大量的时间和精力，极大地阻碍了教育管理效率的提高。现代网络信息管理技术可以改变高职院校传统的管理模式和资源配置模式，更有效地配置高职院校的管理资源和人力资源。在高职院校的管理和实施网络信息处理的过程中，互联网可以快速、方便地合理分配其所有资源，有效节省各部门、各级资源配置中浪费的时间和人力，大大提高工作效率。

二、以现代信息技术推进治理是高职院校自身发展的需要

（一）国家治理体系的现代化要求高职院校治理手段的信息化

国家的政策和制度制约着职业教育的发展，同时，职业教育的改革要适应国家大政方针的要求。党的十八大以来，党中央通过一系列重大制度安排和体制机制改革创新，不断提高治国理政水平。党的十九大再次强调要不断推进国家治理体系和治理能力现代化。2016年教育部印发的《教育信息化"十三五"规划》中提出"提升教育治理体系和治理能力现代化水平，形成与教育现代化

发展目标相适应的教育信息化体系,充分发挥信息技术对教育的革命性影响作用"。"推动落实《职业院校数字校园建设规范》,确保各级各类学校普遍具备信息化教学环境。"2017年,教育部副部长杜占元在首届"教育智库与教育治理50人圆桌论坛"上指出,要推进"互联网+"环境下的教育信息化2.0,推动教育信息化由融合应用向创新发展转变。2018年,教育部科技司司长雷朝滋指出要探索信息化时代的教育治理新模式。这一系列与治理相关的政策制度为高职院校信息化治理提供了政策体制环境。

(二) 高职院校规模的发展需要信息化治理

随着国家对职业教育的大力扶持,职业院校的数量和接受职业教育的人数也激增。据2019年全国教育事业发展统计公报统计,全国共有本科院校1265所,高职(专科)院校1423所,高职院校已成为高等教育的重要组成部分。2019年《政府工作报告》提出高职院校扩招100万人,2020年《政府工作报告》继续提出扩招200万人。这是稳就业、促发展的重大举措。对高职院校来说,这既是发展机遇,又是对治理能力的挑战。在校生规模的扩大,生源结构呈现多层化和复杂化,学生学习的起点水平参差不齐,学习需求的多样化等,增加了教学治理的难度。运用现代信息技术手段,能不断优化政策执行环境,整合政策执行资源,形成政策执行合力,提高政策执行效率。

(三) 现代化高职院校治理需要信息化支撑

在信息时代的背景下,高职院校教学科研工作离不开信息技术,信息技术已渗透校园生活的方方面面。具备先进的信息化发展理念、坚实的信息基础设施支撑力度、强大的信息技术手段应用能力的高职院校往往在发展上具备核心竞争力。信息化建设成为推进高职院校治理现代化的战略举措,是高职院校落实立德树人根本任务、提高科技创新和服务社会能力的重要推动力量。

(四) 疫情的影响进一步推动了高职院校信息化治理

信息化对学校治理的重要作用在新冠肺炎疫情中得到进一步彰显。许多高职院校已将信息化工作提升到战略性、基础性和引领性的重要支撑地位。新冠肺炎疫情期间,各高职院校纷纷采用在线教学、在线办公、在线学术会议等新方式,取代传统的教学、科研与管理模式。郑庆华认为,疫情为高校信息化建设带来了三个重大变化:一是把在线教育从过去的探索、少数人的示范变成了新常态和全普及；二是学校管理人员和师生的信息素养得到了全面提升；三是让人们对教育信息化的认识由点及面，教学成为现实与虚拟的叠加。

三、信息化治理的应用现状

在国家的支持下，我国高职院校积极借鉴国外先进的教育经验，充分发挥职业教育职能，积极引入信息化技术，为教育行政管理信息化模式构建提供必要支持。随着教育行政管理信息化的开展，学校处理各种信息的速度和质量也大大提升，提高了教育行政管理中复杂信息的解决效率。目前，所有的高职院校都接入了互联网，建成了自己的校园网，人、财、物各方面的投入很大，成立了专门的信息化管理部门，制订了信息化中长期规划，高职院校信息化体系初现规模，信息化的内容建设逐渐丰富。

如广东轻工职业技术学院以"互联网＋职业教育"为理念，通过信息技术与职业教育的深度融合，系统设计与建构以教学为中心的"大教学、大管理、大保障、强督察"的内部治理模式。大教学是通过精品开放、名校课堂、课程定制、弹性学分、泛在学习、个性培养定义协同教学，建设"互联网＋"泛在学习和实训平台，实现全程、在线、自主、开放的泛在学习，构建适合创新型、具有工匠精神的人才培养资源体系。大管理是以"全局化、过程化、精细化、流程化、规范化、智能化"管理为目标，通过协同创新、跨界融合，建立集约化管理机制。大保障以可视、可控、可查、可管为目标，实现安全管理，保障学校全方位正常运行。强督察是"督、察"并举，发挥党政纪监察职能，运用伴随评价、大数据支撑、指标导向、全方位监管等技术，形成有效的教学科研诊断、纠偏与改进。学校成立了由学院一把手担任组长的领导小组、信息化建设工作组、信息化建设专家组、项目工作推进小组等，构建了师生参与学院信息化建设的激励机制，建立了学院信息系统的数据管理规范，设立了信息化建设专项经费并使之成为主要建设经费来源等，保障了学校信息化建设的实施。[①]

吉安职业技术学院以数字化校园建设为基础，以各应用系统建设为根本，以服务教学、科研、管理为目的，构建资源共享的教育管理信息化体系。建设项目包括基础平台、网络安全与运维、系统应用等。学院建设"以推动教育管

[①] 廖毅强等：《高职院校内部治理能力提升的实践与探索——以广东轻工职业技术学院为例》，载《广东开放大学学报》2020年第4期，第103、108页。

理信息化，促进教学方法和学习方式改革，提高人才培养质量，提升服务能力"为目标，由职能部门统筹进行统一运维管理。建成了共享性专业教学资源库平台、网络教学及在线备课平台、OA 协同办公系统、教务管理系统、校园一卡通系统、数字图书馆管理系统、顶岗实习网络管理平台、实训基地管理平台、在线考试与题库平台、远程教育与培训管理平台、校企合作信息管理平台、毕业生管理平台等。实现数字化的学习、教学、科研和管理，创建数字化教学资源库，实现教学与管理的网络化、远程化、智能化。[①]

四、信息技术在高职院校治理应用中的困境

（一）信息管理意识薄弱

由于多年来传统学校管理模式的惯性，教职员工缺乏一定的信息技术知识和技能。一些管理者习惯于传统的管理方式，不能正确认识新兴技术对高职院校管理的积极作用，对信息化认识不深，不能将新兴信息技术与高职院校的实际相结合，制约了高职院校信息治理的发展。

（二）信息化建设设施不完善

信息化建设需要有完善的设备设施，但在现实中，许多高职院校不愿在信息化建设中投入人力和财力，导致硬件设施不足，只购置了一些简单、基本的技术设备和软件。这些设备和软件虽然在一定程度上对学校的行政管理工作起到辅助作用，但并没有发挥信息管理的实质性作用。大部分管理工作仍在延续传统模式。数据库容量不足、无法及时有效地处理信息等问题严重影响了高职院校的治理水平。信息平台建设不全面，信息的传输、处理和交流缓慢。采用传统管理模式，行政指令在一个层面上传达，信息传递的主要手段是人和纸质文件，治理效率相对较低。

（三）信息化建设缺乏统一的规划

高职院校各院系缺乏相应的信息沟通，相关数据不连贯，严重影响了高职院校信息管理的效率。在发展初期，管理体系还不能全面、系统地适应社会教

---

① 《吉安职业技术学院教育管理信息化应用案例》，见 http://portal.jxedu.gov.cn/info/1010/1041.htm。

育改革和发展的要求，存在着许多设计缺陷和不足，使得整个体系无法及时更新，导致高职教育管理效率低下。同时，高职院校多个院系之间的信息系统兼容性差，各院系之间缺乏有效的联系和沟通系统，导致高职院校各院系之间的信息传递和资源共享效率低，资源配置差。①

（四）缺少信息化管理人才

信息化建设需要相应的管理人才。然而，就目前情况来看，高职院校信息化建设人才严重短缺。一些不懂技术的文科人员被安置在信息技术部的管理岗位上。人员专业能力不强，对大数据和通信技术掌握不够，无法实际运用。信息化建设人才匮乏是高职院校信息化治理的严重障碍。②

第六节 高职院校治理的困境

我国高等职业教育办学中面临许多实践问题，治理中存在政府"越位"、行业企业"缺位"、社会大众认识"不到位"、高职院校治理低效的困境。高职院校在面对教育行政权力的"放管服"，面对职称评审、进人用人、经费使用等权力的下放时，改革魄力不够，内部相关制度体系不完善、管理能力不匹配，治理主体之间权责不明晰、学术权力行政化、缺乏民主决策和监督机制不完善等问题，严重阻碍了高职院校内部治理水平的提升。在"放管服"改革背景下，办学自主权的下放，权力的过于集中，增加了管理的风险。部分高职院校陷入了办学失范和治理低效的现实困境，从而成为阻碍推进"放管服"改革进程的重要影响因素。

一、外部环境变化日益复杂

目前，高职教育发展正处在技术进步、产业升级和创新驱动的经济社会大背景下，科学技术的快速发展和创新驱动发展战略促进了产业升级转型，产业

---

① 赵纯芳：《信息技术在高校教育管理中的重要性及实践》，载《佳木斯职业学院学报》2020年第1期，第52—53页。
② 曾远柔：《大数据技术在高校信息管理系统中的应用策略研究》，载《数字通信世界》2020年第3期，第177页。

结构的调整和大量新兴产业的出现，迫切需要大量掌握新专业知识、新技能的复合型人才。一方面，由于高职院校专业设置和人才培养滞后，学生就业压力凸显出的人才培养质量问题，致使高职院校不得不重视内涵建设，加大办学投入，改善办学条件，以在激烈的竞争中求得发展。另一方面，高职院校也面临院校数量增长、生源数量下降、政府经费投入不足等教育资源紧张问题。面对生存和发展的考验和压力，职业院校对政府资源的依赖性更强，他们需要努力通过各种评审，千方百计争取各类项目，以获得社会认可和政府的经费支持。发展受到诸多因素的影响，外部环境日益复杂，使得原本内涵建设不足、积累沉淀不深的高职院校治理改革处于一种被动、受拘束和无暇顾及的状况。

二、办学主体意识弱化

高职院校属于公益二类事业单位，生存和发展离不开政府的财力、人力和物力等方面的支持。其经费来源主要是财政拨款和事业收入，且都纳入国家财政预算范围，依照财政法规严格管理。其党政主要负责人则由上级行政部门和组织部门任命，这决定了其发展的依赖性。实施"放管服"改革，将权力下放至高职院校后，面对政府下放的专业设置、编制岗位、进人用人、职称评审、经费使用和内部治理等方面的权力，学校领导干部改革魄力不够、创新动力不足，在承担办学主体方面缺乏责任意识和担当精神，仍然要等上级部门的具体政策措施之后，才能完全放心地去落实，唯恐触及"红线"。而普通的教职员工在面对政府权力下放至学校时，却表现出更多的担忧，担心下放的权力成为领导干部的私权，继而引发腐败和不公平。

三、内部管理模式科层化

我国高职院校相对普通高等学校的发展起步较晚，很多高职院校照搬本科院校的传统管理模式，有些升格的高职院校则是沿用中职的管理模式，公办高职院校在管理上更多的是强调行政的组织和运作方式。在这种科层式的管理体制下，基层组织就更加依赖上级部门、依赖领导，人为管理和经验决策也逐渐成为管理的习惯，未能建立多元主体、全员参与的治理意识。大部分高职院校存在高层次人才不足、学术氛围不浓、学术组织不健全、学术权力运行机制不完善等问题，使得高职院校的学术组织经常被边缘化，行政命令的权威性逐渐取代学术权力运行，教授治学权力在专业建设、队伍建设等方面的作用难以发挥。

长期以来，高职院校自觉或不自觉地将自身视为政府的附属单位，习惯于按政府指令和社会的现成标准办学。学校的管理也同样采取官僚制，呈现科层制组织特征，等级分明，层层赋予行政级别，一级管一级，机构设置庞大，领导干部过多，真正能做事的人少，工作边界不清，部门之间相互推诿的现象严重，工作效率不高。部分行政管理人员官僚化严重，缺少本着为师生服务的意识，能力水平也不高，缺少能上能下的干部管理机制。传统的科层制管理模式忽视了高职院校自身政治性、学术性和社会性的特点，割裂了学校与企业、社会的联系，制约了高职院校的健康快速发展。

四、教学学术权力缺失

一般认为，作为学术性组织的高职院校的权力主要有行政权力和学术权力两种，在"放管服"改革背景下，理应重视学术权力，然而高职院校与普通高校相比，学术水平较低，更缺乏权威的学者，学术影响力不大，许多高级职称者逐渐走向领导岗位。高职院校学术委员中大部分委员具有一定领导职务，学术委员会的主任一般由校级领导担任，学术委员会的日常机构也大多挂靠在行政管理部门，导致学术权最终体现为行政权。学术委员会研究讨论的议题一般是为学校提供咨询建议，最终决议还要经过学校党委会或者院长办公会通过。用行政手段解决教学学术事务，行政人员掌握着学校的人、财、物等资源，有较好的办公场所和办公条件，而教学人员由于学校办学条件的限制未能配备相应的办公设备，使得教授、骨干教师等教学人员对学校的归属感不强，在院校的治理中没有话语权。

五、民主治理联动机制未形成

教育治理现代化是一个"以共治求善治"的过程，是多元主体发挥现代教育价值能动性以共同促进教育教学的能动作用的过程。高职院校治理要体现以人为本，要以维护全体师生员工的利益为落脚点，在治理中要加大师生的参与力度，发挥他们的主观能动性和主人翁精神。但目前，高职院校内部治理仍以行政权力为主，民主管理的制度尚未形成，教师、学生、企业等利益相关者存在缺席现象。教职工代表大会、学生代表大会等群团组织在参与学院内部治理时广度和深度不够。教职工代表大会是学校民主治理和依法治校的基本组织形式和有效载体，也是广大教师参与民主监督的重要途径，但是在实际运行过程中，教代会召开的次数偏少，而且代表中一线教师比例较低，教代会名义上以教师为主体，但实际情况是有行政职务的人员占到了代表的近半数，代表多具有教师和管理干部双重身份。教职工代表反映的问题和提出的议案，往往没能得到真正落实，相关行政部门对提交的问题的回复过于马虎，没有经过认真讨论思考，使得教代会流于形式，没能体现代表广大教师权力、发挥民主管理与监督权力的宗旨。学校往往忽视了学生在高校中的主体地位，对于学生参与学校治理缺乏足够清晰的认识和重视，目前学生参与的方式主要是学生会，而学生会作为自我教育、自我管理和自我服务的学生自治组织，人员流动性较强。学代会的发展还不成熟，现有的学生会主要是学生管理工作的一种机制，并不代表参与学校决策的学生权力，关于学生的管理制度也未能征求学生的意见，一般由学校做出决策，学生被动遵守。因此，师生群体很难真正参与到学校管理和民主监督工作中。大多数高职院校也只是把教师作为管理和服务对象，把学生当作教育和被管理的对象，学校的管理缺乏有效的民主监督，内部民主监督机构不完善，受管理者的诉求很难被重视，在制度执行过程中容易出现执法不严、有法不依的现象。

六、内部管理制度不健全

面对部分下放的权力，高职院校内部相关制度建设没能跟上，治理体系不完善、制度实施程序不严、管理能力不匹配。目前，各职能部门代表学院行使相应的权力，制定相关的规章制度。然而，各职能部门在拟制规章制度时，基本上注重考虑自己部门的立场，往往考虑自己部门的权力和利益，对自己部门有可能出现的各种风险尽量规避，对其他部门和教职工关注不够，没考虑教职工办事审批程序的烦琐和复杂，使得部分制度不能体现以人为本的思想，部分制度流于形式，没能真正得到落实。如在职称评审权力下放至各学校后，部分高职院校在评审条件、评审程序和过程监督等方面相关制度不健全，容易导致职称评审公平公正缺失、评审质量也难以保证。在经费管理权力下放后，以财务管理为核心的内控制度不够健全，日常工作中防范和管控财务、法律、稳定等各类风险的能力相对不足。①

---

① 庞利：《"放管服"背景下高职院校内部治理的困境及对策》，载《继续教育研究》2019年第11期，第83－87页。

第六章 我国高职院校治理能力提升策略

第一节 高职院校治理现代化的转变

现代化是人类社会不可抗拒的历史大趋势,是社会发展的不断追求。现代化的概念最早是1951年在芝加哥的一次学术会议上被提出来的,当时该词被用来形容从农业社会向工业社会的转变,后来逐渐流行开来,几乎所有的学者都把"现代化"看作从传统农业社会向工业社会转变的过程。有学者认为,从14世纪或16世纪开始,世界便步入现代化进程。也有学者认为,18世纪工业化的兴起开启了从传统农业社会向工业社会转变的现代化进程,这个进程在西方发达国家大体上到20世纪70年代已经完成。对于广大发展中国家来说,现代化进程发端于第二次世界大战以后,一直到现在都处于现代化的进程之中。①

我们党是在20世纪70年代提出国家发展现代化的问题的,并概括出"四个现代化",用以引领国家治理。在改革开放的过程中,现代化观念及其追求扩展到了各个领域,特别是对国家治理本身也提出了现代化的要求。在中国的语境中,"现代化"意味着一个指向未来的持续进步的过程,包含着自我否定和不停留在任何一种状态的内涵。国家治理体系和治理能力现代化所代表的是在改革中凝练出的自我变革的理念,反映了紧跟社会发展的步伐而变革自身的要求,即构建起与时代的脉动相一致的治理体系和治理能力。②"国家治理体系和治理能力现代化"的形成和提出,是时代的产物,是与国家发展前景相伴而生的,是中国全面建设社会主义现代化国家的必然要求。它是中国共产党高度重视现代化、不断求解现代化的结果,也是中国共产党认识现代化的最新成果,

---

① 孙关宏:《中国政治文明的探索》,复旦大学出版社2019年版,第121页。
② 张康之:《国家治理现代化的中国概念》,载《党政研究》2021年第7期,第10页。

是继工业、农业、国防和科学技术现代化等四个现代化后的"第五化",是建设现代化国家的重要组成内容。

高职院校的治理体系,是国家治理体系的重要组成部分。在国家治理体系现代化的背景下,发挥好高等教育和职业教育的双重属性,进一步健全符合中国国情的高职院校治理体系,并稳步推进高职院校治理体系现代化进程,这既是对国家宏观层面推进治理改革、加快建设现代化治理体系的积极呼应,又是推进高等职业教育领域治理体系现代化的重要任务,更是加快构建具有中国特色现代职业教育体系的必然要求,具有极其重要的理论意义和实践价值。随着高职教育现代化进程的不断深入,高职教育改革的重点逐渐转向现代大学制度的建立,形成科学的制度安排和推进高职院校治理体系及治理能力现代化。由此可以看出,教育现代化实质上是一个不断发展、不断完善的过程。对于高等职业教育领域而言,其治理体系的现代化更多地强调职业教育治理体系从传统到现代的转型。高职院校现代化要实现五个转变,治理理念从政府—学校线性治理到共建共享的协同治理转变,治理主体从一元主体到多元主体转变,运行模式从集权式向民主式转变,运行体系从封闭式到开放式转变,治理手段从传统管理到信息化治理转变。①

一、治理理念从政府—学校线性治理向共建共享的协同治理转变

理念是人们对事物所归纳或总结的思想、观念、概念与法则。高职院校的治理理念是人们对高职院校治理活动最基本的看法和对高职院校治理规律的理性认识。高职院校治理现代化必须突破固有的二元对立、线性、僵化、强权、控制等思维局限,突出思维的和谐性、共生性、整体性。传统的科层制管理,消息一级传达一级,下级受上级的指挥和控制,层级之间不能跨越。党的十九大报告中提出要"打造共建共治共享的社会治理格局"。党的十九届四中全会提出建设人人有责、人人尽责、人人享有的社会治理共同体。这是新时代党和国家对加强和创新社会治理的重要战略决策,是对社会治理规律深刻认识的必然结果。社会治理共同体的提出为高职院校治理改革带来了新的思路和视角。高职院校的治理是一种集体行动,形式是共同参与治理,目标是实现共同进步,

---

① 庞利:《"双高"建设背景下高职院校治理的意蕴、动因和路径选择》,载《职教通讯》2021年第7期,第46-51页。

从而达到共赢。高职院校诞生于经济社会发展对高素质技术技能人才需求的背景下，其在发展中与所在区域的政治、经济、文化、人才需求等方面相互作用，密切影响。作为与经济产业联系紧密的高职院校，需要区域社会各界在多维度、多层面、多要素上的参与互动，需要发挥各阶层民众的力量，共同参与职业院校的治理，为职业教育的发展建言献策，共谋职业教育发展，从而实现高职院校的善治。

二、治理主体从一元主体向多元主体转变

办好职业教育不仅仅是高职院校的职责，现代化的职业教育需要多元主体参与其治理过程，这些主体既包括学校内部，也包括学校外部。这些多种运行主体有政府、行业、企业、社会、学校等。职业教育要满足不同利益群体的需求，要兼顾政府教育部门与其他部门之间、行业与行业之间，政府与学校之间、政府与市场之间、行业企业与学校之间的多重复杂关系。要协调和平衡好多元主体间不同的目标、利益、权力与责任，实现共同行动。

一是完善政府与学校关系。现代化的治理体系要求政府由行政干预和命令式的直接管理，转变成以规划指导、法律监督和绩效评估等为手段的间接管理。政府要以平等的行动者身份积极融入高职院校治理过程之中，主动担当统筹引导其他力量协同参与高职院校治理的责任。政府要适当下放办学的自主权，减少对高职院校的行政控制，减少文件的下发、材料的报送和多种考核，让高职院校真正从应付上级的行政事务中解放出来，致力于人才培养和教学科研工作。同时要防止一放就乱的局面，要健全职业教育管理制度和第三方评估机制，做好监督，确保下放的权力不被滥用。

二是拓展校企合作的领域。目前职业院校与企业已有多方面的合作，但合作内容主要基于实习实训、基地建设、教师实践、教科研项目等方面，企业在职业教育中的主体地位还未显现，合作还停留在浅层次。要提升合作的深度和广度，创新产教融合的模式，关键是要出台专门的校企合作法律或条例，通过减免税收等优惠政策吸引和鼓励企业参与高职院校教育教学改革和人才培养，从法律上明确校企合作中高职院校、企业应承担的责任与权力。同时建立产教融合的平台，搭建企业和高职院校沟通的渠道，建立企业行业协会积极参与的工作协调机制，提升行业企业代表在职业院校治理中的话语权，确保企业职业教育办学的主体地位。

三是强化社会力量参与治理。社会力量参与学院治理是职业教育社会化的体现。职业院校的发展不能脱离社会，社会是职业院校存在的动力之源和价值之向。吸引社会力量参与高职院校治理，形成治理的合力，是实现职业教育体制治理现代化，提升职业教育办学质量和效益的必由之路。当今时代，人才竞争不断加剧，培养适应社会需要的高技能人才，仅靠高职院校的力量远远不够，还需要社会力量的广泛参与。社会力量可以充当高职院校治理的参与者，高职院校在治理中可以充分听取社会各界对高职院校治理的建议和意见。社会力量也可以作为高职院校治理的监督者，高职院校可以通过信息公开的方式，接受社会监督，保障办学规范有序。

四是联合区域内高职院校共同治理。教育领域"放管服"改革，对高职院校治理提出了高标准、全方位的要求。在"放管服"改革背景下，高职院校面临着治理低效的困境，面对职称评审、选人用人、经费使用等权力的下放，仅凭一所院校的资源难以有效承接，难以应对职业教育发展的现实需求。而区域内高职院校构建校际联盟，能凝聚力量，相互协作，整合各种资源，实现资源共享，并发挥"双高"院校的优质示范作用。区域联盟内高职院校能够取长补短、优势互补，以示范院校带领影响一般院校，达到协同攻关的治理成效，从而实现共同的高质量治理。

三、运行模式从集权式向民主式转变

高职院校作为为当今社会提供公共职业教育、传播传承文化知识的公共机构，不再是私人场所。公共性是现代职业教育的重要特征之一。高职院校的公共性则表现为高职院校治理中的利益共享和民主管理。①要充分发挥学术委员会、教职工代表大会、学代会、理事会等组织在学校治理中的作用。健全学校学术管理制度和规范，形成科学民主有效的学术管理体制。将学术委员会作为学术的最高管理机构，学术问题交由学术委员会评议、决策，保障学术组织在教学、科研等学术事务中有效发挥作用。②建立和完善教职工代表大会制度。教职工代表大会是教职工依法行使民主权利，实行民主管理和民主监督的基本制度和基本形式，也是校领导广泛听取教职工意见和建议，促进决策科学化、民主化的重要途径。学校将重大政策决议或关系教职工切身利益的事项提交教代会征求教职工意见，教职工的合理建议要积极采纳。教代会和教代会代表应当贯彻执行党的路线方针政策，遵守国家的法律法规，遵守学校的规章制度，正确处理国家、学校、集体和教职工的利益关系。明确师生员工可以通过递交提案的方式向学校提出合理化建议，党委书记信箱、校长信箱及师生信箱必须公开，对于师生员工递交的问题限时答复、限时落实。教代会的非常设机构——执委会有监督提案执行情况和教代会决议执行情况，以及定期听取学校重大事项汇报的权利，同时也有将相关情况及时向全体师生员工公开的义务。还可以通过开展每周一次的接待全院师生来访交流的校领导接待日活动来听取师生员工的意见和建议。

四、运行体系从封闭式向开放式转变

我国职业教育管理体制是以教育主管部门为核心的纵向分级办学、分级管理的封闭系统。这个系统具有较强的稳定性和保守性。在这个封闭系统中，满足行政命令的要求就能获取相应的利益，存在的弊端就是削弱了教育与经济社会的联系，使得社会力量难以融入这个封闭的职业教育管理体系中。现代化职业教育系统是由各要素组成的复杂组织整体，高职院校已经从传统意义上的象牙塔逐步成为推动现代社会进步的供给站。外部市场环境发生了巨大变化，科学技术迅猛发展，产业环境具有高度的不确定性，高职院校进入高质量发展时期，仅依靠内部资源和固有发展模式很难产生创新，要成为一个开放的组织，不仅要有效利用外部资源，更要充分引入市场机制结合到院校内部体系结构中。现代职业院校治理反对高职院校的自我封闭、孤立和自大，它内在地要求高职院校必须走向开放、包容和多方联合，要求职业院校紧紧围绕区域经济社会发展，科学制定办学定位，立足于服务社会，培养经济社会需要的用得上、留得住的高素质技能型人才，只有这样才能在激烈的教育培训竞争中处于优势地位，从而实现学校高水平、高质量的发展。开放办学，就要求高职院校面向市场，根据外部市场环境的变化而调整专业设置和人才培养方案，要培养适合时代需要的技能型人才。面向市场的办学能力将逐渐成为高职院校的核心竞争力，故步自封的办学只能落后。开放办学，需要高职院校实行校务公开，将学院的办学信息向社会公开，让社会了解高职院校的办学情况，监督高职院校的办学行为，规范高职院校的发展。

五、治理手段从传统管理向信息化治理转变

信息化是指培养、发展以计算机为主的智能化工具为代表的新生产力，并

使之造福于社会的历史过程。在现代化社会，计算机技术、网络技术和通信技术的发展和应用，为人们生活带来了便利，对人们的工作、生活、学习和文化传播方式产生了深刻影响，促进了国民素质的提高和人的全面发展。信息化对促进中国经济发展具有不可替代的作用，成为现代化的重要标志。充分运用信息化技术手段来加强高职院校治理，推进治理的智能化水平建设，构建智慧校园，是职业教育现代化的重要标志。应用信息技术辅助行政管理，建设信息化平台，将学校人、财、物、事等管理工作的主要流程、关键环节纳入信息管理系统，实现学校工作信息化、智能化管理，促使信息传递更为直接、快速，保证信息的准确性与时效性，节约了办事的时间成本，打破了传统部门边界和地域的限制，使层级组织更趋向扁平化，各部门之间相互协同管理更加紧密无缝，责任落实更加清晰明确，为建设先进、科学、高效的高职院校治理提供了重要技术支撑。

第二节　高职院校外部治理策略

院校的治理起始于关注内部事务，社会经济的发展、政府的改革以及技术水平的提高自然影响到了高等院校，加上社会对人才质量和办学水平的期望，治理范围也就逐步由内而外地延展至高等院校外部及整个社会体系。高职院校作为一种学术性组织，其处于外部环境影响与内部力量影响的均衡状态。外部治理体系建设在一定程度上制约着内部治理体系的建设。因此，构建科学的外部治理体系，既是高职院校推进开放办学、社会组织参与共建共治的重要途径，也是建立健全现代大学制度、提升高职院校治理水平及办学水平的内在要求。

形成良好的职业院校治理机制，离不开完善的政府支持体系、健全的法律保障、企业行业的积极参与、社会的高度认可等外部环境因素。实现大学与政府、市场、社会之间的良性互动，调动和协同高职院校中的多元主体参与高职院校决策的协商共治过程，是高职院校治理现代化的重要支撑。重构我国高职院校外部治理结构，满足外部利益主体的需求，既要参照当前经济社会的全球化背景，又要历史考察高职院校所处的现实背景及其使命责任，将高职院校置于政治语境和历史脉络中加以审析。

一、建立新型的府学关系

政府是职业教育发展的政策制定者,职业教育的发展壮大与国家出台的一系列创新发展政策密切相关。国家重视职业教育,大力发展职业教育,2005年出台了《国务院关于大力推进职业教育改革与发展的决定》,加强了对职业教育工作的领导和支持;要求各级人民政府切实加强对职业教育工作的领导,为职业教育提供强有力的公共服务和良好的发展环境。

要转变政府职能,对高职院校的管理由全面控制转向服务监督。长期以来,政府利用行政审批权、政策规章制定权、机构编制权、经费分配权、校领导选拔任命权、招生指标审定权、学费标准核定权等控制着学校日常工作。

政府职能转变的实质即变直接干预为过程督导、质量监测和办学评估,无论是高职院校自身还是社会组织的自治,均需要有稳定的环境和必要的成本,需要做好政策引导、舆论支持和强化制度能力作为保障。高职院校治理体系和能力现代化要求政府逐步退出直接的行政干预和命令式管理,转而变成以规划合理为目的、以经济法律为手段的统筹规划管理。政府负责对高职院校进行宏观指导、激励引导、监督约束,引导学校健康发展。

政府需要转变"控制者"的姿态,转换"旁观者"的身份,以平等的"行动者"身份积极融入高职院校治理过程之中,并要主动担当起引导和培育其他力量协同参与高职院校治理的责任。[①] 发挥宏观政策资源和经济杠杆优势,通过法律规约、质量监控、经费划拨等方式,有效实施间接管理,变管控为激励,建立具有委托代理性质,与现代大学制度相呼应的服务契约关系,明确政府与学校的权利与义务,建立畅通平等的沟通机制,加强高职院校与政府之间法律关系的建立与规范,减少政府对高职院校的过度干预,依靠立法推动外部治理结构的优化。[②]

[①] 李杰:《服务型治理:复杂性社会中大学治理的政府角色重塑》,载《江苏高教》2018年第3期,第11-14页。

[②] 张东、张绍荣:《"放管服"背景下大学外部治理路径选择》,载《现代教育管理》2018年第4期,第7-12页。

二、主动融入社会，增强服务意识

"双高"计划提出：高职院校要培养适应高端产业和产业高端需要的高素质技术技能人才，服务中国产业走向全球产业中高端。以应用技术解决生产生活中的实际问题，切实提高生产效率、产品质量和服务品质。加强新产品开发和技术成果的推广转化，推动中小企业的技术研发和产品升级，促进民族传统工艺、民间技艺传承创新。现代职业教育体系是国家"系统培养技术技能人才，建立国家技术技能积累、传承机制，是发展实体经济和新兴经济、实现自主增长的核心因素，是经济结构战略性调整的关键支撑、社会稳定和谐发展的重要支柱，关系到亿万普通劳动者的福祉"。职业教育是所有教育类型中与区域经济发展最紧密、服务最贴切的教育，区域经济的转型和可持续发展需要高职院校密切联系当地行业企业，根据产业布局调整专业结构，根据经济社会对人才的要求改革教学内容，创新科技应用和开发，与地方企业联手育人，培育适应区域经济发展需要的高技能人才，把经济增长从依靠增加人力资本数量转变到依靠提升人力资本质量上来。因此，高职院校要增强服务意识，主动融入社会，通过人才培养、科研服务、文化传承创新等方式贡献社会。要为社会经济发展提供技术技能型人才支撑，为科技创新提供技术服务，为传承创造文化做出贡献。随着经济发展方式的转变以及产业技术结构的升级，高职院校必须挖掘内涵要素，积极应对市场和社会的变化，及时调整自身的办学理念和发展定位，积极寻找和利用社会资源拓展发展空间，改善办学条件和校园环境，以经济发展需要为价值取向，主动对接区域经济社会发展的需求，以培养目标的职业定向性和教学内容的实际针对性而获得社会的认同。

三、加强宣传，增加职业教育社会认可

目前职业教育的社会认可度不高，受"学而优则仕"传统思想的影响，很多人对劳动、职业教育有歧视，认为职业教育就是低层次的教育。扭转相关偏见，各地各部门应深刻领会国家重视职业教育的深意，提升专业人才在招聘、落户、职称评审等方面的待遇水平，增强职业教育的认可度和吸引力。同时，大力弘扬劳模精神，引导全社会理解、关心、支持技能人才发展进步，让"崇尚一技之长"的理念切实成为社会风尚和行动自觉，为技能人才的成长发展创

造良好的社会氛围。① 高职院校要提高职业教育的水平，提升教师素质，改善办学条件，让学生能够学有所获，让接受职业教育成为令人向往的学习形式。

加强对职业教育的宣传，崇尚劳动光荣的传统，提升职业教育的影响力。每个人的劳动都对社会有贡献，每一种劳动都应该受到尊重，受尊重程度应该体现在劳动态度、劳动能力和劳动成果上，而不是劳动的工种上。现代媒体应积极响应国家教育发展政策，从思想观念、行为方式等多方面重视技能、重视技工、关注职业教育，视职业教育发展为经济发展大计、民生大计，从而加大对职业教育的报道与宣传力度。媒体进行有意识的强有力的策划和全面的媒体动员，通过立体的、全方位的理念倡导赢得公众对职业教育的科学认知。通过职业教育活动周，职业教育进社区、进乡村等活动，积极引导传媒宣传职业教育的重要地位和作用，宣传国家发展职业教育的政策，推广职业教育发展的成功典范，营造尊重劳动、崇尚技能的良好氛围。弘扬职业精神，传播文化传统，尊崇劳动最伟大，发扬中华美德。②

针对目前部分人对职业教育抱有"发展渠道窄""相关待遇低"的认知偏见，应构建普职沟通的"立交桥"，扫除职业教育发展的"通道问题"。建立四通八达的教育"立交桥"，加大职业教育内部不同层次及不同形式教育之间的沟通，为职业院校的学生拓展更多通向高等教育的有效通道，解决他们继续接受高等教育的后顾之忧。事实证明，当职业教育能够满足人们的生计需求并能赋予个人向上流动的能力、提供向上流动的渠道时，其才有可能成为"大多数"人的"理想选择"，获得社会公众的认可。

四、构建校级联盟

高校联盟是指两所或两所以上高校之间围绕某一共同的战略目标，通过一定方式建立的优势互补、风险共担、资源流动的相互合作体，是介于高校合作与高校合并之间的一种全方位的深层次合作。高校联盟最早出现在美国。美国大学协会（AAU）成立于1900年，主要是为了应对美国研究生教育质量下滑的问题而成立的。之后，美国大学联盟蓬勃发展，包含多种形式，从单纯提供一

---

① 李子娇：《提升职业教育社会认可度》，载《经济日报》2021年7月26日。
② 李名梁：《发展职业教育亟须提高社会认同度》，载《光明日报》2013年7月13日第10版。

类服务到提供全方位服务的复杂联盟。通过联盟，美国弱势高校在竞争中得以生存和发展。

自20世纪90年代初期，特别是2003年中央提出"统筹区域发展"以来，政府主导下的高等教育多样化合作正陆续展开。2012年3月，《教育部关于全面提高高等教育质量的若干意见》中明确提出，鼓励地方高校建立高校联盟，发挥部属高校优质资源辐射作用，实现区域高校资源共享、优势互补。随着我国高等教育大众化进程的不断加快和高校竞争与合作的加剧，高校联盟已经成为提升其竞争力的重要途径和战略选择。

高职院校联盟即将同一区域或相近区域的高职院校组织起来，最理想的方式是兴建高职大学城，把众多的高职院校集中到一起，实现图书馆、运动场、餐饮、住宿等资源的共享。集团化实质上是通过组合、组装、组织，整合力量，增强中国高职院校国际化的实力。特别是在现行"放管服"的背景下，仅凭一所高校的力量，难以有效独自承接上级部门下放的权力，而建立联盟可以使联盟内的高职院校发挥各自的优势，实现资源共享和互补。如广东地区部分高职院校成立了职称评审的联盟，每年由联盟内的学校轮流承担职称评审的组织工作，其他高职院校只需报送评审的材料给承担组织工作的学校，这样既节省了人力、物力、财力，又保证了职称评审的公平性和有效性。

第三节　高职院校内部治理策略

党的十九届四中全会将实现国家治理能力现代化提到了一个新的高度，特别是在高等教育"放管服"改革的新阶段，为职业院校发展带来了新的挑战和机遇，高职院校必须根据新时代发展要求，紧紧抓住"双高"建设的良机，应根据自身的办学特点进一步提升治理水平，构建完善的治理体系，有力、有效地承接上级政府部门下放的办学权力，运用好享有的自主权。高职院校应始终坚持党对学校工作的全面领导，坚持立德树人的根本任务，不断创新管理体制机制，推动自身内部治理结构的优化和治理能力的提升。

一、坚持正确的政治方向

中国特色社会主义制度是中国共产党人运用马克思主义政党理论、制度理论和科学社会主义的辩证方法，深刻揭示了中国特色社会主义制度的本质和发展规律，是符合中国国情并具有优越性的制度。中国特色社会主义是新时代中国国家治理体系的重要内容，也是国家进行制度化治理的关键所在。坚持和完善中国特色社会主义制度首先要坚持党的领导。中国共产党的领导保障了中国特色社会主义的顺利运行。[1]

我国的高职院校的治理制度要植根于中国大地，要充分发挥中国特色社会主义的制度优势，立足于中国国情，要办社会主义的高职院校。建设具有中国特色的高职院校，就要以马克思主义为根本理论指导，全面贯彻落实党的教育方针政策，坚持社会主义办学方向，抓好马克思主义理论教育，弘扬社会主义核心价值观，引导广大师生做马克思主义的坚定信仰者和践行者。高职院校要以立德树人为根本，建立德技并修、工学结合的育人机制。高职院校的治理要围绕立德树人这个目标，全方位育人，要开展社会主义核心价值观教育，强化思想政治教育，实施职业技能教育和职业精神培育相结合的人才培养模式，为中国特色社会主义建设、现代化国家治理提供人才支撑。

坚持和完善党委领导下的校长负责制，加强党委对学校工作的领导，学校党委履行办学治校、党管教育的主体责任。加强高职院校党建工作，提升学校各基层党支部的组织力，把党的领导落实到学校各基层组织。多年的办学实践证明，只有坚持党对高职教育工作的领导，才能推进高职教育持续健康发展。要充分发挥学校各基层党组织的战斗堡垒作用和共产党员的先锋模范作用。高职院校基层党组织是联系师生、服务师生的桥梁和纽带，是保证党的方针、政策、路线、任务落地生根的具体执行者。坚持抓基层强基础，强化行政教辅、二级院系党组织政治功能，全面加强师生党支部建设，推动全体师生党员把党员身份亮出来，把先进标尺立起来，把先锋形象树起来，全面增强高职院校基层党组织的生机活力。以"基层党建全面进步全面过硬"为主题，进一步加强基层党组织的建设，健全基层党组织，优化组织设置，理顺隶属关系。强化党

---

[1] 丁志刚等：《论国家制度化治理与国家治理现代化》，载《新疆师范大学学报》2021年第1期，第19—27页。

总支政治的核心作用,持续推进党支部规范化、标准化建设。创新组织活动方式,认真落实民主生活会、组织生活会、"三会一课"、民主评议党员等工作。同时通过党建带团建,党团共建,把共青团的建设纳入党建的内容,使团干部经常性地接受党性党风的思想洗礼和党内政治生活的严格锻炼,培养新一代青年的责任与担当。

二、建立科学有效的内部管理组织机构

组织机构是指为了达到某些特定目标,经由分工与合作及不同层次的权力、责任制度而构成的人的集合。没有组织机构就无从开展组织管理活动,更谈不上实现管理目标。学校工作千头万绪、纷繁复杂,任何人都无法独自承担学校的所有工作,因此必须对学校工作进行分工并使之专门化、部门化,建立指挥系统,根据部门职能给予一定的权力,进行规范化管理以实现管理目标。高职院校的组织机构主要分为党群机构、行政机构、教辅机构和教学机构。党群机构包括党委办公室、党委组织部、党委宣传部、党委学工部、团委人民武装部、纪检监察办公室、工会办公室、各系党总支部。行政部门包括办公室、人事处、财务处、教务处、科研处、后勤处、学生处、招毕处等。教学部门由不同的院、系组成。院系由相近的专业或专业群组成。这是一种典型的职能制的组织结构,这种结构分工细密,任务明确,且各个部门的职责具有明显的界限,各职能部门仅对自己应做的工作负有责任。高职院校应根据学校常规事务进行合理整合,减少管理层级,实行扁平化改革,减少师生沟通的组织层级,加快信息的共享,使师生的事情能够更快地得到解决,使教师能从烦琐的行政事务中解脱出来,专心于教学和研究。

三、提升管理者的专业化水平

高职院校的扩招,学生数量的大量增加,管理职能的扩展和延伸,不仅需要引进优秀的教师,也需要增加一批具有专业化高水平的管理人才。高职院校领导者是内部治理改革的谋划者和推动者,领导者推进改革的决心与魄力、办学理念与思维、基本素质与能力成为改革成功的核心因素。因此,现代化的治理需要领导班子具备明确的发展理念和战略眼光,能够对院系发展进行前瞻性、系统性设计,能够有对外沟通协调的开拓能力,具备敢于攻坚克难的责任意识

和担当意识。同时要加强对行政教学教辅管理人员的培训，以培养开阔的战略意识、专业的管理能力和教育教学知识为重点，不断提高行政教学教辅管理干部队伍的管理水平，提升其服务意识和能力，提高其专业化的管理水平。健全科学有效的选人用人机制。从严干部管理监督，建立干部流动退出机制，建设一批能力强、有担当的中层领导班子。深化人事和分配制度改革，持续转变作风，激发干事创业的积极性。

四、健全领导体制和决策机制

坚持党委领导下的校长负责制，学校党委会是高职院校的领导机构，按照民主集中制原则，行使对学校工作的统一领导权。校长是学校的法定代表人，全面负责学校的教学、科学研究和其他行政管理工作。完善党委统一领导、党政分工合作、协调运行的工作机制。全面落实学校党委委员会会议议事规则和学校校长办公会议议事规则，进一步明确权力边界，规范决策行为，提高决策水平。落实二级学院党政联席会议制度，强化党政联席会议制度作为二级学院的最高决策形式，严格规范执行。

深入开展校院两级管理改革，进一步实施"放管服"，不断激发基层的办学活力，以统一领导、分级负责、重心下移、权责对等、目标管理和分类考核为原则，将办学自主权落实到二级学院层面，落实二级学院在人事管理、经费管理、教学科研管理、学生管理等方面的权力，赋予二级部门在人财物方面更多的支配权，实现管理权限重心下移，强化职能部门和二级教学部门的目标管理和绩效考核。建立权责统一、统筹协调、自我约束、规范有序的校院两级管理体制，释放二级学院的办学活力。各二级学院要健全统一决策、民主管理、有效监督的内部运行机制，提升自主决策能力和治理水平。

五、推动治理的信息化水平

一是健全信息化建设机制。构建网络安全信息化工作大格局，将学院管理信息化纳入学院总体发展规划中，将教育信息化经费列入财政预算中。成立信息化领导小组，由学校一把手任组长，分管信息化工作的副校长任副组长，组建信息化建设专家咨询委员会和信息化建设协同工作组，形成党委统一领导、党政分工协同、各部门积极主动参与的工作大格局，为学校信息化发展提供组织保障。信息化小组由技术部门加综合业务部门组成,各部门按照任务分工要切实承担起各自的主体责任。①

二是统一规划,构建共享的信息化系统。推进跨部门、跨层级、跨领域流程联动,实现协同化治理。管理系统在开发与应用的过程中与校内各院校、系部之间建立起互相沟通、共享的平台,在高职院校内部形成统一的信息管理规范标准,对所需要的学生、学籍、教师课程信息资料等进行统一、规范的录入及存储,方便及时调取与浏览,实现全面的资源共享,提升教育管理信息化的工作效率。建设学校共享数据中心,协调业务管理部门,加强对数据质量的管理和共享共用,实现全校各部门结构化数据的共享互通。

三是强化调研,合理设置高职院校管理流程。信息技术部门要加强对各个业务需求部门的调研与沟通,共同理顺数据的流转需求情况和全周期管理流程,调研各部门的数据需求和数据问题,依据上级部门要求和标准以及学校建设和发展,合理设定管理流程,确保管理流程能有效、精准地实现信息集成。结合科学的管理制度、流程标准、工具规范等,最大化降低办事人员与服务对象的接触频率。在对任务进行集成后,可将完成特定工作所关联到的所有工作步骤、工作环节、工作要点、注意事项等进行全面、全方位整合,进而创建一个综合性的业务流程。

四是加强培训,提升教职工信息技能。根据校园运营实际情况和教学、科研对大数据技术、信息管理的实际应用需求,因地制宜地采取有效措施加大对教职工的培训力度,对全体管理人员定期进行信息技术相关业务知识的基础培训,使其在增强现代科技意识的基础上,不断积累相关知识,使他们真正地感受到现代信息技术给他们的管理工作带来的积极改变,激发他们应用前沿技术的自主能动性。组织教职工进行信息化管理系统相关实际操作技能学习,并定期进行技能培训、更新,紧随时代信息发展的步伐,提升高校教育管理信息者的素质技能,更好地应用系统内部软件,实现现代化的工作模式,提升工作效率,从而节省大量的人力、时间。

六、构建多元化的内部治理体系

中国特色社会主义制度建设的经验就是以人民为中心,依靠人民。全心全

---

① 魏楚元、汪洋海容、孙绪华:《以信息化推进高校治理体系和治理能力现代化》,载《北京教育》2021年第4期,第12-14页。

意为人民服务是党的根本宗旨，为广大人民谋幸福是中国共产党的使命。中国共产党依靠人民，建立新中国，推进改革开放和社会主义现代化建设，走出了一条中国特色社会主义道路。社会主义的高职院校同样要依靠人民，依靠高职院校的广大教职工。现代化高职院校治理应坚持人民的主体地位，树立人本化的治理理念。高职院校在治理中要充分听取教职工的意见，加强调研，满足教职工的合理需求，形成民主治理的氛围。同时，随着教育变革速度的日益加快、教育管理情境的日益复杂，学校中，依靠任何单一主体均无法快速有效地化解，这需要相关利益主体参与到学校改革发展的过程中来。高职教育面临的管理情景较复杂，各利益群体之间的矛盾突出，单一的行政主体无法实现有效治理，亟待开放式、民主化办学，改变以往政治权力和行政权力两分天下的封闭式治理格局，要满足利益相关者的需求，实现各权力主体之间平等分享治理权力，扩大民主管理权限。

高职院校应增强学生会等学生团体组织参与治理、表达自身诉求的愿望，积极创设平台、健全渠道，发挥学生群体在高职院校发展中的作用，涉及学生相关的事项要征求学生的意见。要充分发挥内部治理力量，扩大教职工对学院工作的参与权、评议权、考核权。落实校务委员会、学术委员会、教职工代表大会等的治校机制，畅通教职工参与学校治理的渠道，充分发挥非行政力量在学校治理中的话语权，促进民主治理，从而实现从行政治理迈向共同治理。

七、推进依法治校

全面推进依法治校，推进建立现代学校制度，要充分认识章程的重要地位和作用，按照"一校一章程"的要求进一步加强学校章程建设，要根据国家和教育行政部门的相关法律规定，结合自身发展的实际，制定出科学有效、具有特色的学校章程。一旦制定了高职院校章程，就要严格遵守和执行，要加强对章程的学习，充分利用校园网站、微信公众号等渠道广泛宣传章程建设的理念、意义和政策措施，让全体师生认识到加强章程建设的重要性、紧迫性、复杂性，熟悉学校章程的内容，自觉遵守章程的规定。

以章程为依据推进制度清理和重构，加强总体性制度的顶层设计和配套性制度的无缝对接。对已有的成文规则进行梳理、调整、修订，建立健全院系内部议事制度、专业设置、教学科研、人事管理、财务管理等各方面的管理制度，建立完善科学、规范的内部管理制度体系。明确学校规章制度制定、修改和废止应遵循的原则，确保学校规章制度实体合法、程序正当。通过"废、立、改、并"，全面开展规章制度清理和汇编。建立健全学校各类规章制度，规范学校的行政决策行为、教育教学行为、学生管理行为、人事财务管理行为等，使学校各项管理活动有法可依。建立学校法律顾问制度，学校各项重大措施出台前、各类对外协议文本签发前均要经由法律顾问依法审读，保障学校内部权力协调运行，确保高职院校承接办学自主权的各项工作有章可循、有规可依。

八、加强权责监督

党的十九大报告指出："强化自上而下的组织监督，改进自下而上的民主监督，发挥同级相互监督作用，加强对党员领导干部的日常管理监督。"为了确保高职院校正确的办学方向，实现学校的科学运行，需要有强有力的日常监督体系，确保权力在正确的轨道上运行。政府下放给高职院校自主权，高职院校对接了这些权力就应当接受监督，因而要畅通监督渠道，建立事中、事后的监督机制和问责机制。实行责任清单管理模式，推动责任人员知责于心、担责于身、履责于行，进一步明确党委主体责任清单、党委书记第一责任人责任清单、班子成员"一岗双责"责任清单、纪委监督责任清单、党委工作部门、党总支、党支部和党小组的责任清单，及时跟进监督、精准监督、全程监督。梳理编制各部门岗位"微小权力"风险防控清单，构建"微小权力"监督责任体系，建立"微小权力"风险防控机制。制定完善重大监督事项报备制度，紧紧围绕国家重视、社会关心、学校关注、师生关切的重点问题，规范选人用人、基建后勤、职称评定、招生考试、评先选优、科研经费等重大事项的程序设计、实施落实、事后管理等环节的风险防范。切实做到立足管好关键人、管到关键处、管住关键事、管在关键时，让监督成为常态，不断把制度优势转化为治理效能。①

建立健全信息公开运行制度，主动将学校在管理和提供社会公共服务过程中的信息及时、准确地向学校师生员工和社会公众公开。通过电子政务平台，及时向广大教职工、学生公开涉及切身利益的，需要群众广泛参与的，反映高校各机关机构设置、职能及办事程序的相关内容；同时，接受广大教职工及学

---

① 韩兵兵：《持续不断构建监督体系 提升高校监督治理效能》，载《贵州日报》2021年8月18日第6版。

生的监督。推进信息公开，争取社会公众对学校教育事业发展的关注、信赖和支持，接受社会的监督。高校应及时向有关群体通报高校行政权力行使的依据、条件、过程和结果，减少和杜绝高校领域腐败现象的发生。畅通信息公开途径，明确公开的原则、内容、方式、程序等要求，确保其在内部改革过程中保持信息公开、透明，以使利益相关者知悉并有效参与和监督。加大校务公开，完善信息公开目录，完善建立信息公开网站，把办学过程中产生的信息，按照相关规定公开。充分利用学校媒体平台如官方网站、微信公众号、宣传栏、电子显示屏等，多渠道公开，增强信息公开工作的实效性、及时性。

加强高职院校纪检监察组织建设，全面落实党风廉政建设主体责任和监督责任，建立科学有效的管理制度、工作流程和制约、监督机制，切实规范权力的运行，堵塞制度漏洞，体现自我约束、自我监管，强化责任追究和问责。要完善制度建设和工作流程，形成依规办事、工作透明、互相监督的工作机制。以监督执纪问责工作为中心，制定纪检监察部门管理制度，定期向上级纪委及同级党委汇报党风廉政建设工作制度，积极与组织、人事、财务、审计等部门进行工作协调。建立完善职责要点清单，依纪依法公开权力运行流程。将纪委监督、群众监督结合在一起，建立二级党组织纪检委员，发挥好二级党组织纪检委员的作用，凝聚二级党组织纪检委员的力量，形成监督合力，加大问责力度，严肃惩治违纪行为。[1] 发挥审计监督作用，严格落实内控管理制度。内部审计依托专职部门积极开展绩效审计、控制审计及专项审计。随着高职院校的发展和外部环境的变化，经济决策和学校管理的不确定性、风险性和模糊性在不断增加，在提高资金使用效率、捍卫学校声誉、规避办学风险等方面，内部审计的作用越来越重要。审计部门不仅要带头实施内部控制规范，还要聚焦内部控制制度设计的健全性、合规性和执行性问题；不仅要关注实际操作过程中的有效性和制衡性，还要推动内部控制规范全面实施。为此，内部审计要实现对各项管理活动的有效监督和制约，并为学校决策提供支持。[2] 学校应以风险管理为导向，有重点、有针对性地开展内部审计工作。

---

[1] 李丹等：《全面从严治党背景下高校纪委履行监督责任研究》，载《遵义师范学院学报》2020年第1期，第58—60页。

[2] 牛媛媛、张灏：《新时期高校内部审计组织方式创新发展研究》，载《审计与理财》2021年第6期，第13—15页。

九、形成有特色的治理文化

任何一个组织都不可能完全依靠制度来进行管理，制度也有一定的局限性，发挥文化的引领作用可弥补制度的缺陷。文化作为非正式制度，影响着人的精神风貌、价值观念、思想行为、道德规范等，这些恰是高职院校实现有效治理不可或缺的文化认同和价值支撑。[1] 正如王冀生先生所言：大学的本质是一种文化现象，是一种与社会的经济和政治机构鼎足而立的功能独特的文化机构。大学是在深厚的文化底蕴的基础上传承、研究、融合和创新高深学术的高等学府。[2] 作为一种文化组织的高职院校，其治理理应发挥文化功能。高职院校文化能通过价值引领、建构及整合作用的发挥来对高职院校治理造成直接或间接影响，表现为精神文化在价值层面引领治校理念和制度的选择与设计，制度文化可有效驱动权力配置及运行的规范化，环境文化则能为内部治理所需氛围及环境的营造提供物质载体。[3] 高职院校文化治理是高职院校治理的重要的手段，通过培育与营造治理文化能实现高职院校的有效治理。

为此，高职院校要转变治理理念，树立主体意识，营造崇尚自由、尊重学术、敬畏知识、勇于创新的学术治理文化氛围，构建党委领导、校长负责的行政权力运行文化。坚持马克思主义和党的领导是高职院校的文化治理的根本纲领，加强意识形态工作，树立正确的价值观、人生观和世界观，提升师生的凝聚力，为高职院校的治理提供思想保障、精神动力和舆论环境。弘扬传统文化，增强高职院校的文化自信。创新自治的学术权力文化和民主的监督权力文化，形成权力规范运行的文化自觉，使实现学校的发展成为全校师生的共同愿景，激发师生员工参与院校治理的热情，形成共同治理合力和总体效应。

---

[1] 杨科正、刘娜：《论大学治理文化建设》，载《大学（研究版）》2018年第5期，第39-43页。

[2] 王冀生：《文化是大学之魂》，载《北京大学教育评论》2003年第4期，第42-46页。

[3] 俞婷婕：《大学治理文化建设的困境、思路及实践策略之管窥》，载《浙江师范大学学报（社会科学版）》2020年第6期，第91-99页。

以社会主义核心价值观为基础进行融合性创建,把培育和弘扬社会主义核心价值观作为强基固本的基础工程,把民族文化作为学校特色文化发展的道路。将学校文化与企业文化进行融合,把企业文化引入人才培养工作中去,从而体现校企融合的高职院校校园文化的丰富性和多样性特色。[①]

[①] 瞿凡:《广西高职院校治理文化建构研究》,载《柳州职业技术学院学报》2019年第3期,第54-58页。

参考文献

［1］ 别敦荣. 现代大学制度原理与实践［M］. 青岛：中国海洋大学出版社，2018.

［2］ 蔡亮. 我国大学治理变革的历史路径选择考察［J］. 山东高等教育，2018（4）：25-32.

［3］ 蔡先金. 大学治理［M］. 济南：山东人民出版社，2016.

［4］ 查吉德. 高职院校治理结构要义［J］. 河北师范大学学报（教育科学版），2019（1）：49-55.

［5］ 陈彬. 良法与善治：中国大学治理现代化探究［M］. 武汉：华中师范大学出版社，2018.

［6］ 陈德清，涂华锦，邱远. 高职校企合作体制机制改革与实践［M］. 北京：北京理工大学出版社，2016.

［7］ 陈东原. 中国教育史［M］. 北京：商务印书馆，1936.

［8］ 陈鸿. 2003年中国职业教育大事记［J］. 职教通讯，2004（6）：3.

［9］ 陈丽华. 地方高职院校院系两级管理的研究［J］. 江西电力职业技术学院学报，2019（5）：97-98.

［10］ 陈寿根，顾国庆. 建立利益相关者共同治理的高职院校内部治理结构［J］. 国家教育行政学院学报，2016（3）：35-39.

［11］ 陈寿根. 高等职业院校章程内容研究［J］. 高等教育研究，2013（11）：66-70.

［12］ 陈正江，周建松. 基于共同体理念的高职院校治理机制构建与实践［J］. 高等工程教育研究，2019（5）：155-157.

［13］ 崔宝秋，等. 高职院校ISO治理结构模式研究［M］. 南京：江苏人民出版社，2018.

［14］ 丁惠炯. 新常态视野下现代职业教育治理体系研究［M］. 北京：经济日报出版社，2018.

［15］ 丁志刚，等. 论国家制度化治理与国家治理现代化［J］. 新疆师范大学学报，2021（1）：19-27.

[16] 杜坚. 文化治理在国家治理体系中的地位和作用 [R]. 国家发展与战略研究院社会系统工程系列报告, 2015 (6).

[17] 杜梓平. 大学生入学教育读本 [M]. 苏州: 苏州大学出版社, 2018.

[18] 斐迪南·滕尼斯. 共同体与社会 [M]. 北京: 商务印书馆, 2019.

[19] 冯朝军, 杨梅. 我国高职院校混合所有制办学的主要模式研究 [J]. 江苏高职教育, 2020 (12): 27-34.

[20] 冯丽莎. 整体性治理视阈下地方高校内部治理体系现代化研究 [D]. 衡阳: 南华大学, 2019.

[21] 高明. "国家治理体系"视域下的高职院校治理 [J]. 教育与职业, 2016 (4): 12-15.

[22] 管培俊. 大学内部治理结构: 理念与方法 [J]. 探索与争鸣, 2018 (6): 28-31.

[23] 韩春虎. 大学治理: 一种科学发展视域下的制度安排 [M]. 沈阳: 辽宁大学出版社, 2009.

[24] 胡莉芳. 公共性视域下的现代大学治理 [J]. 北京师范大学学报, 2012 (4): 29-36.

[25] 胡玲丽, 张继恒. 高职院校治理结构研究: 以构建学生主导下的治理结构为视角 [J]. 职教论坛, 2012 (19): 19-21, 33.

[26] 胡延华. 高职院校机制改革与创新研究 [M]. 武汉: 湖北科学技术出版社, 2006.

[27] 华战胜. 高职院校章程的确立及推行 [J]. 教育与职业, 2017 (4): 63-67.

[28] 霍艳杰. 高职院校二级学院混合所有制办学探索与实践: 以南京旅游职业学院为例 [J]. 现代职业教育, 2020 (12): 152-153.

[29] 姜继为, 韩强. 高校治理结构研究 [M]. 成都: 四川教育出版社, 2009.

[30] 解瑞卿. 高职院校内部治理制度体系设计之审视 [J]. 职业教育研究, 2019 (1): 39-43.

[31] 景小勇. 政府与国家文化治理 [M]. 北京: 文化艺术出版社, 2016.

[32] 李丹, 等. 全面从严治党背景下高校纪委履行监督责任研究 [J]. 遵义师范学院学报, 2020 (1): 58-60.

[33] 李杰. 服务型治理: 复杂性社会中大学治理的政府角色重塑 [J]. 江苏高教, 2018 (3): 11-14.

[34] 李进. 新中国高等职业教育发展纪实 [M]. 上海: 上海教育出版社, 2013.

[35] 李龙. 国家治理与人权保障 [M]. 武汉: 武汉大学出版社, 2017.

[36] 李鹏. "双高计划"的治理逻辑、问题争论与行动路径 [J]. 高等工程教育研究, 2020 (3): 126-131.

[37] 李铁林. 职业院校管理理论与实践 [M]. 北京: 研究出版社, 2003.

[38] 李永亮. 高等学校内部治理结构优化研究 [M]. 北京: 经济管理出版社, 2017.

[39] 李政, 徐国庆. 我国职业教育治理结构转型: 内涵、困境与突破 [J]. 西南大学学报 (社会科学版), 2020 (7): 78-85.

[40] 梁文侠. 高职院校混合所有制办学模式探究 [J]. 陕西教育 (高教), 2020 (7): 9-10.

[41] 廖毅强, 等. 高职院校内部治理能力提升的实践与探索: 以广东轻工职业技术学院为例 [J]. 广东开放大学学报, 2020 (4): 103, 108.

[42] 林培锦. 大学学术同行评议利益冲突问题研究 [M]. 厦门: 厦门大学出版社, 2017.

[43] 林润惠, 王玫瑰, 廖俊杰, 等. 高职院校校企合作: 方法、策略与实践 [M]. 北京: 清华大学出版社, 2012.

[44] 凌守兴, 陈家闯. 演化博弈视角下的高职校企合作生态系统构建 [M]. 苏州: 苏州大学出版社, 2018.

[45] 刘冬冬, 张新平. 社会参与大学治理: 必要性、现实困境、路径选择 [J]. 继续教育研究, 2018 (2).

[46] 刘慧平. 混合所有制改革在高职院校的探索与实践: 以苏州工业园区职业技术学院为例 [J]. 现代职业教育, 2018 (34): 90-91.

[47] 刘彦博, 刘世勇, 魏海勇, 等. 高等学校依法治校的理论与实践 [M]. 武汉: 中国地质大学出版社, 2014.

[48] 刘悦丹. "依法治校"视域下大学章程建设研究: 以湖南交通职业技术学院为例 [J] 现代职业教育, 2018 (23): 75.

[49] 陆天宇, 郑惠虹. 高职院校依托专业建设理事会探索校企合作管理模式的研究与实践 [J]. 黑龙江科技信息, 2013 (3): 188.

[50] 罗孟冬. 地方高职院校核心竞争力研究 [M]. 北京：光明日报出版社，2018.

[51] 罗巧花. 高职院校混合所有制办学路径改革探析：以闽西高职院校为例 [J]. 成都中医药大学学报（教育科学版），2020（6）：73-75.

[52] 吕一中，等. 我国职业教育办学体系及管理体制研究 [M]. 北京：中国经济出版社，2014.

[53] 牛媛媛，张灏. 新时期高校内部审计组织方式创新发展研究 [J]. 审计与理财，2021（6）：13-15.

[54] 潘杰宁. 治理视域下高职院校二级管理体制改革案例研究：以广西建设职业技术学院为例 [J]. 南宁职业技术学院学报，2017（5）：46-48.

[55] 庞利. "双高"建设背景下高职院校治理的意蕴、动因和路径选择 [J]. 职教通讯，2021（7）：46-51.

[56] 庞利. "放管服"背景下高职院校内部治理的困境及对策 [J]. 继续教育研究，2019（11）：83-87.

[57] 平若媛，龙洋，白地动. 财经类高等职业教育工学结合人才培养模式探索与实践 [M]. 北京：北京邮电大学出版社，2013.

[58] 瞿振元. 推进高等教育治理现代化：目标、价值与制度 [J]. 中国高教研究，2014（12）：1-4.

[59] 申素平. 论我国高等教育体制改革过程中政府角色的转变 [J]. 高教探索，2000（4）：50-53.

[60] 沈小雯. 高职院校内部治理机制改革研究：以苏州工艺美术职业技术学院为例 [J]. 湖北开放职业学院学报，2019，32（22）：46-47.

[61] 冯朝军，杨梅. 我国高职院校混合所有制办学的主要模式研究 [J]. 江苏高职教育，2020（12）：27-34.

[62] 史伟，杨群，陈志国. 新时期职业教育校企合作办学模式探索 [M]. 天津：天津科学技术出版社，2018.

[63] 苏志刚. 高职院校现代治理架构下的二级管理现状与思考 [J]. 职教论坛，2020（4）：138-142.

[64] 孙关宏. 中国政治文明的探索 [M]. 上海：复旦大学出版社，2019.

[65] 孙长远. 我国政府的职业教育发展责任探究 [D]. 天津：天津大学，2017.

[66] 唐晓萍,张进清,李文红. 学校管理制度研究 [M]. 南宁:广西教育出版社,2006.

[67] 童星. 发展社会学与中国现代化 [M]. 北京:社会科学文献出版社,2006.

[68] 王彬. 高职院校章程制定及现代大学制度建设研究:以南通航运职业技术学院为例 [J]. 淮南职业技术学院学报,2016(5):98-102.

[69] 张培. 共同体视域下职业教育治理的逻辑、框架与路径 [J]. 教育与职业,2021(2):5-12.

[70] 王冀生. 文化是大学之魂 [J]. 北京大学教育评论,2003(4).

[71] 威廉姆森. 治理机制 [M]. 王健,等,译. 北京:中国社会科学出版社,2001.

[72] 魏楚元,汪洋海容,孙绪华. 以信息化推进高校治理体系和治理能力现代化 [J]. 北京教育,2021(4):12-14.

[73] 魏叶美. 教师参与学校治理研究 [D]. 上海:华东师范大学,2018.

[74] 温景文. 新建本科高校应用型教育的研究与实践 [M]. 大连:东北财经大学出版社,2014.

[75] 吴晓川. 当代职业教育管理:理论与实践的研究 [M]. 北京:北京工业大学出版社,2008.

[76] 辛宪章,张岩松,王允. 高职院校治理研究 [M]. 大连:东北财经大学出版社,2018.

[77] 许进军,周婷婷. 高职院校混合所有制办学的探索与反思 [J]. 职业技术教育,2020(2):12-15.

[78] 杨科正,刘娜. 论大学治理文化建设 [J]. 大学(研究版),2018(5):39-43.

[79] 杨为群,董新伟. 高等职业教育学校管理 [M]. 大连:东北财经大学出版社,2004.

[80] 杨炜长. 民办高校治理制度研究 [M]. 长沙:国防科技大学出版社,2006.

[81] 杨晓君. 高职院校章程执行阻滞因素剖析:基于福建高校的数据分析 [J]. 顺德职业技术学院学报,2018(10):40-42.

[82] 余立. 我国高校内部治理结构的探讨 [J]. 北京教育,2017(3):7.

[83] 俞可平. 论国家治理现代化［M］. 北京：社会科学文献出版社，2014.

[84] 俞婷婕. 大学治理文化建设的困境、思路及实践策略之管窥［J］. 浙江师范大学学报（社会科学版），2020（6）：91-99.

[85] 岳文喜，邓勇，张健. 高职院校中层干部队伍建设的问题与改进［J］. 教育与职业，2014（35）：38-39.

[86] 张东，张绍荣. "放管服"背景下大学外部治理路径选择［J］. 现代教育管理，2018（4）：7-12.

[87] 张端鸿. 中国公立大学法人治理结构研究：以A大学为例［M］. 上海：复旦大学出版社，2014.

[88] 张康之. 国家治理现代化的中国概念［J］. 党政研究，2021（7）：10.

[89] 张立钦. 改革·探索·创新·发展：浙江林学院教育教学改革论文集［C］. 北京：中国科学技术出版社，2007.

[90] 张天兴. 高校现代化治理与运行机制研究［M］. 石家庄：河北人民出版社，2016.

[91] 张耀嵩. 高等职业教育办学体制机制研究［M］，上海：复旦大学出版社，2017.

[92] 赵纯芳. 信息技术在高校教育管理中的重要性及实践［J］. 佳木斯职业学院学报，2020（1）：52-53.

[93] 赵惠莉，顾栋梁. 高等职业教育由管理向治理变迁的发展历程与内在逻辑［J］. 职教论坛，2021（2）：80-85.

[94] 赵晓妮. 高职院校内部治理结构的内涵、实践迷思及变革趋向［J］. 教育与职业，2016（6）：12-16.

[95] 郑荣奕，陈伟. 高职院校混合所有制改革的反思与建构［J］. 高教探索，2018（8）：87-91.

[96] 郑荣奕，高职院校促进校企合作的体制机制研究：以广州高校与企业合作促进会为例［J］. 广州广播电视大学学报，2017（6）：40-43，109.

[97] 郑荣奕. 基于利益共同体的高职院校校企合作机制探索［J］. 教育与职业，2017（4）：30-34.

[98] 周光礼. 中国院校研究案例（第三辑）［M］. 武汉：华中科技大学出版社，2011.

[99] 周光勇，宋全政. 高等职业教育导论［M］. 济南：山东教育出版社，2003.

[100] 周君明，刘丽华，论高职院校二级管理体制的运行［J］. 智库时代，2018（7）：141-142.

[101] 庄西真. 中国特色职业教育"双高计划"：怎么看、如何干［J］. 职业技术教育，2019（8）：8-11.

[102] 曾远柔. 大数据技术在高校信息管理系统中的应用策略研究［J］. 数字通信世界，2020（3）：177.

[103]《国家中长期教育改革和发展规划纲要实施》编写组. 国家中长期教育改革和发展规划纲要实施［M］. 北京：开明出版社，2010.

[104] 高职院校内部治理机制改革研究：以苏州工艺美术职业技术学院为例［J］. 湖北开放职业学院学报，2019，32（22）：46-47.

[105] HUMMELSHEIM S, BAUR M. Vocational dual education system: comparison between the German model and the new Spanish vocational training［J］. Prospects, 2014（6）.

[106] FOLEY L S. From comparing plus factors to context review: the future of affirmative action in higher education［J］. Journal of law and education. 2010, 39（2）.

[107] HEALEY N. The changing landscape of global higher education［J］. International educator. 2010, 19（1）.

[108] WRIGHT T. University presidents' conceptualizations of sustainability in higher education［J］. International journal of sustainability in higher education, 2010, 11（1）.